VIE

M. L'ABBÉ IMBERDIS

CURÉ DE NOTRE-DAME D'AIGUEPERSE

PAR L'ABBÉ F.-M. ÉMY

> Souvenez-vous de vos conducteurs qui vous ont prêché la parole de Dieu ; et considérant quelle a été la fin de leur vie, imitez leur foi.
>
> (Epître de saint Paul aux Hébreux, ch. XIII, v. 7).

CLERMONT-FERRAND

LIBRAIRIE CATHOLIQUE

M. BELLET ET FILS, ÉDITEURS

Avenue Centrale, 4

—

1892

VIE DE M. L'ABBÉ IMBERDIS

M. L'ABBÉ IMBERDIS

1801-1882

Il est donc bien vrai qu'il ne faut
s'attacher qu'au Seul Bien Suprême,
Celui là ne nous fait jamais défaut
et rien ne peut nous le ravir.

En attendant la possession de la
parfait bonheur, ne perdons pas le
mérite de tous nos sacrifices, unissons les
à celui de notre bon Maître et un
jour nous en recevrons la récompense

Imbert, j
curé

VIE

DE

M. L'ABBÉ IMBERDIS

CURÉ DE NOTRE-DAME D'AIGUEPERSE

PAR L'ABBÉ F.-M. ÉMY

> Souvenez-vous de vos conducteurs qui
> vous ont prêché la parole de Dieu ; et con-
> sidérant quelle a été la fin de leur vie,
> imitez leur foi.
>
> (*Épitre de saint Paul aux Hé-
> breux*, ch. XIII, v. 7).

CLERMONT-FERRAND

LIBRAIRIE CATHOLIQUE

M. BELLET ET FILS, ÉDITEURS

Avenue Centrale, 4

—

1892

LETTRE

DE SA GRANDEUR MONSEIGNEUR BOYER,

Evêque de Clermont,

A L'AUTEUR

EVÊCHÉ
de
LERMONT

Clermont-Ferrand, le 30 octobre 1891.

CHER MONSIEUR EMY,

J'ai fait examiner la *Vie de M. l'abbé Imberdis*, écrite par vous ; et voici le jugement qui en a été porté :

« Ouvrage très complet, encadrant la vie
» de M. l'abbé Imberdis dans l'histoire reli-
» gieuse de la ville d'Aigueperse et formant
» une belle unité.

» Ouvrage varié, animé, sans longueurs,
» alliant à une simplicité constante toutes
» les admirations de l'esprit et toutes les
» émotions du cœur.

» Ouvrage pieux et édifiant, reproduisant
» avec une frappante exactitude la physio-

» nomie sacerdotale de M. l'abbé Imberdis
» et la faisant revivre pour tous ceux qui
» l'ont connu.

» Ouvrage qui réjouira particulièrement
» la ville d'Aigueperse où s'est fidèlement
» conservé le souvenir des bienfaits inépui-
» sables et des saints exemples de son Pas-
» teur.

» M. l'abbé Imberdis, qui fut toujours si
» bon pour ses vicaires, méritait que l'un
» d'eux lui dressât ce monument de filiale
» reconnaissance. »

A ce témoignage, je joins mes félicitations
et mes remerciements.

Je vous sais gré, cher Monsieur le Curé,
d'avoir voulu, et d'avoir su rappeler d'une
manière simple, complète et touchante, tout
ce que fut dans son ministère et dans sa vie,
le saint Prêtre, le Pasteur excellent dont je
n'ai connu que les dernières années, mais
que j'avais apprécié, aimé et vénéré dès la
première heure.

† J. PIERRE, *Evêque de Clermont.*

DÉDICACE

—

Je dédie spécialement ce livre aux fidèles de la paroisse d'Aigueperse, aux prêtres et aux religieux qui ont connu et aimé M. l'abbé Imberdis.

Je les prie d'en agréer l'humble hommage, malgré ses imperfections.

L'intention qui l'a dicté est de nous entretenir une dernière fois, simplement et en famille, du père et de l'ami vénéré qui nous a bénis pendant sa vie et que nous avons pleuré amèrement à sa mort.

Dans ma solitude, à mesure que je consultais les nombreuses notes que l'on a bien voulu me fournir, la pensée des œuvres et des vertus de M. le Curé d'Aigueperse réconfortait mon âme.

Puisse ce tardif travail maintenir gravé, longtemps encore, dans la mémoire de mes lecteurs, le souvenir édifiant du saint Prêtre qui fut leur guide, leur modèle, leur bienfaiteur !

PRÉFACE

—

Neuf ans déjà nous séparent du jour où M. le Curé d'Aigueperse, après de cruelles souffrances, rendit son âme à Dieu.

La douce mémoire de ce pasteur pieux et dévoué est encore vivante dans le cœur de ses paroissiens et de ses confrères.

A notre époque mouvementée, l'oubli efface bien vite le souvenir des existences même les plus belles et les plus fécondes en bonnes œuvres.

Il importe, selon le conseil de l'Apôtre, de ne point perdre de vue les hommes éminents de la famille sacerdotale qui furent, par leur exemple et leur enseignement, nos guides dans le chemin du devoir.

Mementote præpositorum vestrorum qui vobis locuti sunt verbum Dei, quorum intuentes exitum conversationis, imitamini fidem.

Tel fut le vœu exprimé devant la tombe à peine fermée de M. Imberdis.

On nous pria d'écrire sa biographie.

La tâche paraissait au-dessus de nos forces, nous avons longtemps hésité.

1.

Mais les instances ont été si persévérantes et si respectables qu'il nous a été impossible de ne pas obéir.

On a bien voulu nous confier un grand nombre de lettres intimes du vénéré défunt, et nous adresser des notes intéressantes et détaillées.

Nous nous acquittons ici d'une dette de reconnaissance en remerciant respectueusement les personnes qui nous ont prêté un si bienveillant concours.

A ces documents nous avons ajouté nos souvenirs personnels.

Nous avons voulu être simple et clair.

Nous nous sommes surtout appliqué à retracer fidèlement la majestueuse figure du pasteur aimé dont nous avons eu l'honneur d'être le collaborateur.

En écrivant ce livre, nous avons feuilleté les archives et les publications qui pouvaient éclairer le passé illustre de la ville d'Aigueperse.

Nous avons choisi et consigné quelques notes historiques, capables, avons-nous pensé, d'intéresser nos lecteurs.

Une main plus habile que la nôtre trouverait, dans les sources où nous avons puisé, les matériaux suffisants pour écrire l'histoire complète de la ville d'Aigueperse.

Bulhon, le 24 novembre 1891,
Jour anniversaire de la mort de M. Imberdis.

VIE

DE

M. JEAN-FRANÇOIS IMBERDIS

CURÉ DE NOTRE-DAME D'AIGUEPERSE

CHAPITRE I

LA FAMILLE DE M. IMBERDIS

Pierre-Alexis-Joseph Imberdis, père de M. le Curé d'Aigueperse, et Jeanne Brugeron, sa mère, appartenaient à l'ancienne bourgeoisie de la ville d'Ambert.

Ils ne possédaient qu'une modeste fortune, mais ils avaient reçu de leurs ancêtres un riche patrimoine d'honorabilité et de vertus chrétiennes (1).

(1) Notes données par Mlle Elise Imberdis, cousine de M. Imberdis.

La famille Brugeron avait donné à la ville des magistrats dévoués. Joseph Brugeron était maire d'Ambert en 1777 (1).

La famille Imberdis comptait plusieurs médecins, des prêtres distingués et des religieuses (2).

Deux Imberdis appartinrent à la Compagnie de Jésus. L'un, Jean, résida longtemps au collège de Billom. Il se livra avec succès à la prédication et fit quelques poésies remarquées de ses contemporains. On cite une ode sur l'amour de Dieu, une épître à Louis XIV, un poème latin sur le papier et la manière de le fabriquer (3).

Le père de M. le Curé d'Aigueperse exerçait la profession de médecin. Il était fort instruit et habile praticien. Il prodiguait à tous les secours de sa science, son temps, les remèdes (4).

Au commencement de ce siècle, les pharmaciens ne s'étaient pas multipliés comme de nos jours. Beaucoup de médecins des campagnes et des

(1) Tardieu : *Dictionnaire historique du département du Puy-de-Dôme.*

(2) A une époque, pour une fête de famille, ils se trouvèrent réunis à Ambert au nombre de six, religieux, religieuses ou prêtres.

(3) Le manuscrit de ce poème se trouve entre les mains de M. le docteur Gourbeyre-Imberdis, médecin inspecteur des Eaux de Saint-Nectaire.

(4) Notes de Mlle Imberdis.

petites villes avaient, à la disposition de leurs malades, les principaux remèdes.

Le docteur Imberdis les fournissait gratuitement aux indigents.

Ces derniers étaient ses clients de prédilection. Aussi l'appelait-on le médecin des pauvres.

Pour les assister, il ne prenait conseil que de son dévouement.

« Un jour d'hiver, raconte Mlle Imberdis, le temps était affreux, très froid, les chemins couverts de neige et de glace. On vint lui dire qu'une pauvre femme de la campagne se trouvait fort mal. Il était un peu fatigué lui-même, par suite d'un gros rhume ; néanmoins, il n'hésite pas. Il part aussitôt. Ma mère veut l'accompagner. Je les suis. Nous trouvons cette pauvre femme sans connaissance, ayant une grande plaie envahie par la gangrène. Il fallut tailler dans le vif. L'opération fut longue, pénible...

» Le lendemain, le docteur vint revoir sa malade et apporta les médicaments nécessaires. C'est ce qu'il faisait ordinairement pour les pauvres. Quand il n'avait pas les remèdes, il donnait la somme nécessaire pour les acheter. »

Cette inépuisable charité, jointe à la douceur de ses procédés, à la dignité de toute sa vie, lui valait une nombreuse clientèle et un crédit presque absolu auprès des chrétiennes populations du Livradois.

« Quand le docteur Imberdis a parlé, disait une personne de la société d'Ambert, j'y crois comme si c'était mon confesseur. »

La charité du généreux médecin puisait son inspiration à la source pure d'une foi vive.

Il était de ces hommes de caractère bien trempé, dont les convictions religieuses n'avaient pas été ébranlées par les scandales et les fureurs de la Révolution.

Les hommes de cette trempe étaient nombreux dans les anciennes familles d'Ambert.

Avant le Concordat de 1802 qui devait rendre officiellement la paix à l'Eglise de France, la religion, grâce au concours de ces chrétiens courageux, reprenait ses droits.

Les ministres de Dieu, qui avaient survécu à ces années sanglantes, sortaient des retraites où les avaient cachés l'héroïque dévouement des fidèles, ou revenaient de l'exil et reprenaient publiquement l'exercice de leurs fonctions saintes.

La piété, longtemps captive dans les cœurs, les pratiques religieuses, confinées par la Terreur dans d'obscurs réduits, sanctuaires improvisés ignorés des dénonciateurs, prenaient un nouvel essor.

Ainsi qu'un champ, resté longtemps en friche, donne au travail de l'agriculteur une plus riche moisson, après ces années de douloureuse contrainte, l'Eglise d'Auvergne s'épanouissait avec une vigueur plus féconde et donnait le jour à cette génération si remarquable par la vivacité de sa foi et la solidité de ses vertus.

Un membre de la famille Imberdis avait contribué à rouvrir au culte les églises de la ville d'Ambert ; le docteur Imberdis fut un des premiers à prêter son concours à M. Imarigeon (1) pour la réorganisation des intérêts matériels de l'église paroissiale, en attendant l'installation de M. de Rostaing.

Plus tard, il présida le conseil de Fabrique et donna toujours l'exemple d'une constante fidélité à

(1) M. J.-François Imarigeon, curé d'Ambert avant la Révolution, refusa de prêter le serment de fidélité à la Constitution civile du Clergé, partit pour la Suisse en septembre 1792, revint à Ambert en 1795.

Quand la Convention remit en vigueur les lois de proscriptions de 1792 et 1793, il s'installa rue du Chicot et continua, en secret, les fonctions du saint ministère.

On lit à la tête d'un registre : « Secreto : 2e registre tenu par J.-M.-A. Imarigeon, en ma chapelle, dans l'intérieur de ma maison, à cause de la révolution des temps et de la persécution des catholiques. » (Archives de la fabrique d'Ambert. — *L'Eglise d'Ambert*, par l'abbé Desribes.)

suivre les offices de la paroisse et à remplir ses devoirs religieux.

Mme Imberdis était digne d'un tel époux.

« C'était une dame très pieuse et pleine de mérites, douce et charitable, d'un caractère conciliant (1). »

Du reste, elle avait dû, de bonne heure, apprendre à s'oublier pour faire la volonté d'autrui. Fort jeune, elle avait perdu sa mère et avait été élevée par sa sœur aînée, Mlle Brugeron.

D'un tempérament autoritaire, celle-ci n'avait abdiqué aucune des prérogatives maternelles que lui avaient données sur la jeune orpheline l'âge et le malheur.

Elle les exerçait d'une manière absolue.

Sa juridiction, quelquefois un peu pénible à supporter, s'étendait à toutes les personnes de la maison ; le docteur Imberdis lui-même l'acceptait avec une respectueuse déférence.

Quand la Providence donna des enfants aux époux Imberdis-Brugeron, l'austère et pieuse tante se voua totalement à leur première éducation (2).

L'aîné de leurs enfants fut une fille. Elle précéda de trois ans, dans la vie, le futur curé d'Aigueperse.

(1) Mlle Imberdis.
(2) Notes données par Mlles Imberdis et Quiquandon.

CHAPITRE II

NAISSANCE — PREMIÈRES ANNÉES — PREMIÈRE COM-
MUNION DE JEAN-FRANÇOIS IMBERDIS (1)

Le docteur Imberdis habitait à Ambert, rue des
Croves-du-Mas, une modeste maison qui existe
encore.

C'est là que vit le jour M. le Curé d'Aigueperse.

L'esprit de foi et de prière préludèrent à sa
naissance. « Mon enfant, lui disait plus tard sa
tante, si tu n'es pas un saint, ce n'est pas faute
d'avoir été couvert de reliques presque même
avant ta naissance. »

____

(1) Ce chapitre a été rédigé d'après les notes fournies par
Mlles Imberdis et Quiquandon.

En effet, selon la pieuse coutume reçue, à cette époque, dans les familles chrétiennes, en pareilles circonstances, une personne amie de Mme Imberdis, Mme Vimal, avait apporté plusieurs reliques qui, en protégeant la mère, bénirent l'enfant à sa première heure.

Il naquit le 12 du mois d'août 1801 (1).

Il fut baptisé le même jour, par M. Imarigeon, dans la chapelle que ce confesseur de la foi avait à l'intérieur de sa maison (2).

Le parrain fut Pierre-Jean-François Journet, son oncle, et la marraine Françoise Céleyron-Imberdis, sa tante.

On lui donna les prénoms de Jean-François, mais dans la famille on l'appela Auguste.

Sa mère avait alors trente-six ans.

Dès ce moment, le bonheur grandit avec les enfants, au foyer de la famille Imberdis. Seul, l'austère regard de Mlle Brugeron assombrissait quelquefois le front des jeunes enfants.

Cette femme forte tempérait, par ses exigences et la sévérité de ses procédés, la tendresse de la mère qui semblait trop condescendre aux désirs du jeune Auguste et de sa sœur.

____

(1) Registre des actes de naissance et de baptême.
(2) Voir l'appendice, § 1.

« L'enfant n'était point gâté, raconte Mlle Imberdis. On lui apprenait à obéir, et, à table, il lui était interdit de manifester ses goûts ou ses répugnances. Il devait manger ce qu'on lui servait.

» Un jour, il avait alors à peine quatre à cinq ans, le dîner venait de se terminer, l'une de ses parentes lui offrit quelques fruits. — Merci, répondit l'enfant, j'ai dit mes grâces. — Tout le monde fut émerveillé de cette réponse. »

En effet, Auguste savait déjà prier et obéir.

Dans son jeune cœur se développaient rapidement les germes de la piété et des autres vertus du jeune âge.

Comment pouvait-il en être autrement ? Ses excellentes dispositions naturelles trouvaient un stimulant constant dans les leçons et les exemples de son entourage.

La vertu des maîtres et des parents est d'un si puissant secours pour le développement intellectuel et moral de l'enfance que, sans elle, il ne saurait y avoir de bonne éducation.

Chez le docteur Imberdis, la religion et le travail tenaient la première place. La prière faisait partie des actions domestiques de la journée. La charité pour les pauvres était une vertu constamment pratiquée.

La Providence semblait, du reste, venir en aide

aux parents dans le choix des premiers formateurs de cette âme d'élite.

Il fit ses premiers pas dans le chemin de la science profane et religieuse, au milieu d'une atmosphère embaumée, en quelque sorte, du parfum des vertus les plus éprouvées.

Dans le voisinage de la famille Imberdis, une ancienne Ursuline s'occupait des enfants. Elle leur apprenait à prier, à lire, voire même à faire oraison.

Auguste suivait ses leçons. Entre tous ses jeunes condisciples, il se faisait remarquer par son application, sa piété précoce, son maintien toujours grave.

Mieux que tous, il savait sa prière et son catéchisme.

Le candide enfant avait une horreur marquée pour le mal. Sa mère a raconté plus tard qu'à l'âge de cinq ans, il pleurait ses petits manquements comme de grandes fautes.

Remarquable aussi était sa prédilection pour les pauvres. Déjà il manifestait, à leur endroit, cette libéralité qu'il porta si haut jusqu'à la fin de sa vie.

Un jour, on voulait lui arracher une dent. Il refusa d'abord, en disant qu'on lui ferait trop mal. A ce moment, arriva Mme Duval, parente de sa mère. Elle lui montra un écu de six francs, lui disant qu'il serait pour lui s'il se laissait arracher cette dent.

L'enfant réfléchit un instant : Hé bien ! dit-il, j'y consens, ce sera pour les pauvres.

Auguste savait aussi renoncer à sa volonté, quand son obéissance était mise à l'épreuve.

Un jeudi, jour de promenade et de jeu, Mlle Brugeron, sans doute pour ne pas laisser l'enfant oisif, l'avait installé, un plumeau à la main, devant une provision de cônes de pins, appelés *babios* dans le pays et dont on se sert pour allumer le feu.

Sur ces entrefaites, l'un de ses petits amis, Félix Vimal, vient avec empressement le prendre pour aller jouer.

« Hé ! je ne puis pas y aller, j'époussette les babios de ma tante, » répondit le naïf enfant qui prenait sa tâche au sérieux.

Ainsi, tout jeune encore, il se formait à la pratique des sentences qu'il aimait à répéter plus tard :

La propreté est une vertu. L'obéissance vaut mieux que les sacrifices.

Quand il fut en âge d'apprendre le rudiment, il eut pour premier professeur un saint prêtre, M. Jean-Joseph Montheillet-Flouvat.

Avant la Révolution, M. Montheillet avait été syndic de la communauté ecclésiastique de Saint-Jean et curé de la Chapelle-Geneste.

Dès 1795, il vint se fixer à Ambert dans le quartier habité par la famille Imberdis, avenue des Croves-du-Mas. Comme M. Imarigeon, il exerça secrètement dans sa maison les fonctions du saint ministère ; plus tard, il fut nommé vicaire de la paroisse (1). Ayant été obligé, pendant la Terreur, pour échapper à l'exil ou à la mort, de séjourner dans des souterrains humides, il avait contracté des infirmités.

Le temps que ses infirmités ne lui permettaient pas d'employer au service paroissial, il le consacrait à donner des leçons à quelques enfants de bonne famille.

Auguste, par sa candeur et sa docilité, gagna bien vite l'affection de son nouveau maître.

La vigilance attentive de Mlle Brugeron, qui mesurait à son neveu les heures de récréations et d'études, seconda avantageusement le zèle du précepteur. Les progrès du jeune étudiant furent rapides.

Non moins satisfaisant était son avancement

(1) Registre des actes de Baptême. — *L'église d'Ambert*, par M. l'abbé Desribes.

dans la piété. L'on songea donc à sa première communion.

Il fut préparé à ce grand acte religieux de l'enfance par le père Gaschon.

Ce prêtre, dont la mémoire reste vivante et vénérée en Auvergne, appartenait, avant 1793, à la mission diocésaine (1).

Appelé à l'hospice d'Ambert par M. de Rostaing, il y remplissait les fonctions d'aumônier et faisait en même temps le catéchisme aux enfants de la paroisse.

Il mourut en odeur de sainteté et fut enterré dans la chapelle de cet établissement. Son tombeau est devenu un lieu de pèlerinage pour la contrée.

L'enseignement du vénérable catéchiste trouva dans le cœur du jeune Auguste Imberdis une terre féconde et bien préparée.

Les fruits furent abondants, remarqués, et produisirent une assez vive impression pour que le souvenir en soit resté ineffaçable dans la mémoire de ses jeunes condisciples.

« Il était le modèle de tous, a dit un témoin (2). »

(1) Voir : *Vie du père Gaschon*, par J.-B. Preyssat. — *Le père Gaschon*, par l'abbé Grivel. — *Etude historique sur l'ancienne mission diocésaine*, par l'abbé Randanne.
(2) Mlle Port.

« Sa première communion, il la fit avec la piété d'un ange (1). »

« Il montrait ce qu'il devait être un jour : doux et modeste, humble et grave. Il était alors un parfait imitateur de saint Louis de Gonzague, dont il rappelait plus tard, dans les occasions, la pensée salutaire qui fait accepter saintement les petites épreuves de chaque jour : qu'est-ce que cela pour la vie éternelle (2) ? »

Dieu seul sait de quelle douce allégresse fut ravi son cœur pur et de quels torrents de grâces fut inondée sa belle âme à ce moment solennel où Notre-Seigneur Jésus-Christ parle, pour ainsi dire, tête à tête avec l'enfant qui vient de le recevoir pour la première fois.

A la suite de ce délicieux et divin entretien, Auguste eut-il l'idée de se consacrer à Dieu ? Quelques personnes l'ont pensé (3).

Quoi qu'il en soit, il garda de ce grand jour un impérissable souvenir, et professa, pendant sa longue existence, une vénération pleine de confiance pour le père Gaschon.

(1) Mlle E. Imberdis.
(2) Sœur Marie-Angèle, tenant ces détails d'une parente de M. Imberdis, morte dans le monastère des Ursulines d'Ambert.
(3) Mlle Quiquandon.

A chacun de ses voyages dans sa ville natale, M. Imberdis alla prier sur le lieu où reposent ses restes et confier à la protection de ce saint prêtre les grâces qu'il voulait obtenir du ciel.

« Je l'ai recommandé à Dieu, écrit-il, un demi-siècle plus tard, en parlant d'un malade, je l'ai recommandé à Dieu sur le tombeau du père Gaschon. »

Et à une autre personne :

« Ce matin, j'ai célébré la messe sur le tombeau du père Gaschon. Il semble qu'on respire dans cette jolie petite chapelle un parfum de piété qui unit l'âme à Dieu. Oh ! avec quelle ardeur j'ai prié pour mes amis !

» Il semblait que le bon Dieu ne pouvait rien me refuser sur le tombeau du saint prêtre qui m'avait préparé à ma première communion.

» Aussi, j'ai passé en revue ceux qui me sont chers et au salut desquels je dois spécialement travailler ; je demandais pour chacun les grâces les plus nécessaires. Pour vous, M. N., je sollicitais une tendre dévotion envers Jésus-Christ, au très Saint-Sacrement, et une constante piété envers la très sainte Vierge, bien convaincu que cette double disposition est une marque infaillible de prédestination. »

Et dans une autre lettre : « J'ai souvent pensé à

vous sur le tombeau du père Gaschon, où je vais ordinairement dire la messe quand je suis à Ambert (1). »

Ainsi, le souvenir de sa première communion et du saint prêtre qui l'avait préparé hanta doucement et constamment son esprit, et lui fut comme *un parfum de piété* qui *unit son âme à Dieu*, pendant toute sa vie.

(1) Ambert, le 30 juin 1863.

CHAPITRE III

ÉTUDES — VOCATION — PRÊTRISE

Après sa première communion, Auguste Imberdis suivit, comme externe, les classes du collège d'Ambert où il eut pour professeurs M. Béchery et le père Louis Montheillet, ancien jésuite.

A l'âge de quatorze ou quinze ans, il alla faire ses humanités au Petit-Séminaire de Clermont. Il y trouva, de la ville d'Ambert et des environs, plusieurs condisciples qu'il connaissait déjà.

On raconte que les jeunes étudiants, aux vacances, franchissaient joyeusement à pied la distance de Clermont à Ambert. C'était un de leurs plus agréables délassements. L'itinéraire, arrêté à l'avance, variait chaque année. On visitait les églises. On faisait des stations dans les presby-

tères, où l'on recevait l'accueil le plus paternel (1).

Au Petit-Séminaire, Auguste gagna la confiance
de ses nouveaux maîtres et l'estime de ses condisciples.

Sa taille avantageuse, sa physionomie agréable,
sa belle tête couronnée d'une longue chevelure
blonde, la douceur de ses manières, l'ensemble
distingué de sa personne prévenaient en sa faveur.
Sa piété le désignait comme le modèle de la maison (2).

Aussi fut-il bientôt l'objet de quelques préfé-
rences de la part des directeurs. On lui donna, en
dehors du dortoir commun, une chambre à coucher où il était sans surveillance, avec quelques
autres jeunes gens des plus réguliers.

Il usa quelquefois de son crédit pour rendre
service à des élèves moins fidèles que lui aux
règles de la discipline.

« A cette époque, dit l'abbé Capelle, auteur de
la *Vie du cardinal Giraud* (3), la plupart des petits
séminaires, nouvellement créés, avaient de la
peine à se former à la régularité des établisse-

(1) Récit de M. Imberdis lui-même.
(2) Renseignements donnés par M. Pradon, condisciple de
M. Imberdis et ancien notaire à Artonne.
(3) Page 22.

ments religieux : l'esprit de licence produit par le prestige de la gloire militaire qui avait, pendant vingt ans, fasciné la jeunesse française, y luttait encore contre le principe de la piété que de sages directeurs voulaient y introduire ; le Petit-Séminaire de Clermont était de ce nombre, du moins l'abbé Giraud, dans une de ses lettres, dépeint cette maison sous cet aspect. »

Le surveillant de la première division, dont faisait partie Auguste Imberdis, était un ancien officier de dragons. Bien qu'il eût quitté l'uniforme militaire pour revêtir l'habit des clercs, ses allures et son langage tenaient de son ancienne profession et ne laissaient pas de déteindre sur nombre de ses jeunes disciples. L'atmosphère des cours de récréations rappelait un peu la vie des camps.

On comprend dès lors le trait suivant raconté par M. Imberdis lui-même.

Un élève vaniteux était parvenu, par son outrecuidance, à déplaire à tout le monde. Pour ramener le jeune fat à des prétentions plus modestes, quelques élèves résolurent de mettre son courage à l'épreuve. Ils engagèrent un de leurs camarades à le provoquer en duel.

Donc, un jour de promenade, les deux jeunes gens vont sur le terrain avec toute la solennité usitée dans ces sortes de combats singuliers. Ils déchargent chacun un coup de pistolet, évidemment sans résultat; les armes avaient été chargées à blanc par les témoins, à l'insu du camarade que l'on voulait humilier.

Cette prouesse fit grand bruit au Petit-Séminaire. On parlait de l'exclusion probable des duellistes et de leurs témoins. Auguste Imberdis prit l'initiative et fut l'organisateur d'une députation auprès de M. le Supérieur en faveur des élèves compromis. Grâce aux explications qui furent données, l'affaire n'eut point de suites fâcheuses.

Par la culture des belles-lettres, il perfectionna sa langue. Il acquit ce style simple, correct, élégant, émaillé de gracieuses comparaisons qu'on lui a connu.

Il continua l'étude du violon, commencée dès la maison paternelle, et fit preuve d'aptitude à jouer de ce difficile instrument. Plus tard, au milieu même de la multiplicité des occupations paroissiales, il demanda quelques délassements aux cordes harmonieuses de cet ami de jeunesse.

Cependant approchait, pour le petit séminariste, le moment décisif où tout jeune homme sérieux cherche à orienter son avenir, à planter les jalons qui doivent guider toute la vie.

Quelles furent ses premières pensées sur cette question capitale de la vocation? Quelles furent les premières aspirations de son cœur pur ? Quels projets se déroulèrent dans cette calme imagination ?

Un jeune homme d'une piété si candide, et d'une charité si constante pour les pauvres, ne pouvait se proposer qu'une carrière de dévouement.

Soulager l'humanité dans ses infirmités physiques ou sauver les âmes, telles sont les deux pensées qui semblent s'être croisées souvent dans son âme.

Son père avait nourri le projet de le voir lui succéder dans sa profession. Auguste paraît avoir d'abord accepté docilement cette décision.

Il suivit, pendant quelque temps, les cours de l'Ecole de médecine de Clermont.

A cet effet, il prit pension dans une honorable famille qu'un ami de son père avait indiquée. Cette famille se composait du père, de la mère et d'une jeune fille.

« Le jour même de l'arrivée d'Auguste Imber, dis, la jeune fille reçut la visite de plusieurs de ses amies, et la mère, s'adressant à ces demoiselles en leur présentant son nouveau pensionnaire, leur dit que ce jeune homme était un bon musicien et qu'en hiver il les ferait danser (1). »

Auguste fut, paraît-il, effrayé par ces paroles. Il

(1) Mlle M.

fit, sans doute, aux bienséances la part exigée par la nécessité présente, mais il conçut dès lors la crainte du monde et prit des mesures pour en éviter les dangers.

Les usages du monde, si différents des habitudes religieuses qu'il avait contractées au sein de sa famille et auprès de ses premiers maîtres, lui apparaissaient donc avec tous leurs périls et leurs frivolités.

« Vous comprenez, écrivait-il plus tard, combien ce tohu-bohu du monde devient insupportable lorsqu'on n'entend parler que d'affaires insignifiantes auxquelles toutefois le monde attache un intérêt vraiment ridicule.

» Oh ! que l'esprit de Dieu parle bien autrement à nos cœurs ! Sa parole nous éclaire, nous encourage, nous sanctifie, lorsque nous l'écoutons avec docilité. »

Cette divine parole qui *éclaire*, qui *encourage* et dont il avait un si grand besoin, à ce moment de ténèbres et d'indécision, Dieu la fit doucement résonner à ses oreilles. Elle tomba des lèvres d'un ami de collège.

« Tu n'es pas fait pour le monde, » lui dit un jour un de ces amis d'enfance dont la perspicacité, tendrement dévouée, pénètre, comme l'amour maternel, les pensées et les cœurs.

Il sera toujours vrai de dire que l'amitié contractée sur les bancs de l'école est la plus sincère, la plus efficace. Ses allures franches et loyales lui permettent des libertés inusitées, lui donnent des droits inconnus dans les autres relations sociales.

Quelle funeste ou salutaire influence ne peut-elle pas exercer ?

Deux jeunes gens, qui avaient fait leurs études avec Auguste, étaient restés ses amis, ses confidents intimes, bien qu'ils eussent pris, dans la vie, une voie différente de la sienne. Ils se préparaient à la cléricature au Grand-Séminaire de Montferrand.

C'était M. Pirel, originaire de Laforie, homme intérieur, qui fut successivement aumônier des Ursulines d'Ambert et curé de Bertignat, et M. Alexandre Vimal, plus tard membre de la Compagnie de Saint-Sulpice.

Les jeunes gens se visitaient, devisaient de leurs études respectives et se communiquaient familièrement leurs impressions. Les séminaristes manifestaient leur satisfaction de se trouver loin du monde, dans la solitude de leur noviciat sacerdotal.

« Hé bien ! moi je ne suis pas content, » dit Auguste à ses amis.

« Ce n'est pas étonnant, répondit M. Pirel, tu n'es pas fait pour le monde, toi. »

Comme le mot de saint Ignace de Loyola à saint François Xavier, cette parole amicale devait porter ses fruits.

Aux vacances de 1819, une grande mission fut donnée dans la paroisse de Marsac. Cinq missionnaires de la mission diocésaine, nouvellement organisée à Clermont par Monseigneur de Dampierre, évangélisaient cette paroisse.

C'étaient MM. Mestre, supérieur, Giraud, Mercier, Croisier et Girard. Cette mission eut un grand retentissement. On y venait de toutes les paroisses voisines, même du Velay et du Forez (1).

Auguste Imberdis et ses deux amis en suivirent les exercices et les clôturèrent par la sainte communion.

A la maison paternelle, cependant, on préparait tout pour le prochain départ pour Paris du jeune étudiant en médecine.

Les trois jeunes gens quittèrent Ambert le même jour et firent ensemble le voyage d'Ambert à Clermont, MM. Pirel et Vimal pour retourner au Grand-Séminaire de Montferrand, Auguste pour

______

(1) *Etude historique...*, par M. l'abbé Raudanne. — Mlle Imberdis.

gagner la capitale, afin d'y continuer ses études médicales.

A Clermont, les pieux amis d'Auguste Imberdis, confidents de ses attraits et de ses luttes intérieures, le pressent de les suivre à Montferrand. Il hésite. Son âme est livrée aux angoisses d'un suprème combat : d'une part, la volonté paternelle qu'il veut respecter ; de l'autre, la volonté divine qui l'appelle au sacerdoce.

Il pousse un profond soupir :

Et mon père, que dira-t-il ?

Ses amis promettent de tout arranger.

Peut-être avait-il quitté sa famille avec le dessein secret d'entrer au Grand-Séminaire ; « mais sa nature timide et délicate avait, sans doute, hésité pour s'ouvrir à son père sur ce grave sujet (1). »

A cette nouvelle, le docteur Imberdis, dont les plans se trouvaient si bien dérangés, manifesta un grand mécontentement. Quoiqu'il fût fervent chrétien, il lui en coûtait de faire un tel sacrifice. Il fallut l'intervention de la bonne mère pour l'apaiser et obtenir, pour son fils, l'autorisation de rester au Grand-Séminaire.

Les dignes disciples de M. Olier, appelés à Clermont dès 1653, par Mgr Louis d'Estaing, avaient

(1) Mlle F. F.

repris la direction du Grand-Séminaire, après la Révolution.

La vie de règle, d'étude, de piété de ces prêtres aussi méritants que modestes, dut particulièrement plaire au jeune lévite, d'un naturel porté au recueillement. Il mit toute son application à l'imiter et à la reproduire.

Le succès couronna ses efforts. Il fut, par sa régularité exemplaire, toute sa vie, séminariste et sulpicien.

« Ce cher monsieur Imberdis, écrit M. Monteix, curé de Pontaumur, était un de mes amis, nous avons été ordonnés le même jour ; comme élève et comme prêtre, il a été le modèle de ses condisciples... »

« A vingt-cinq ans, lui disait, dans une solennelle circonstance, M. Rigodon, curé de la Cathédrale, vous auriez pu célébrer votre cinquantaine. A défaut de cheveux blancs, vous aviez déjà la couronne dont la gravité pare les têtes sacerdotales... »

Auguste Imberdis eut, pour la règle du silence, le plus scrupuleux respect. Il occupait la même chambre que son ami et compatriote, M. Alexandre Vimal. Lorsqu'il avait un renseignement à lui demander, on rapporte qu'il sortait et allait demander aux directeurs la permission d'adresser une parole à cet ami d'enfance.

Le vertueux grand-séminariste alla régulièrement passer ses vacances au sein de sa famille.

La solitude faisait ses délices.

C'est, sans doute, pendant une de ses prome-
nades solitaires qu'il traça sur le tronc d'un
arbre, dans la propriété d'un parent, cette devise
longtemps restée lisible :

« La solitude mène à Dieu. »

Il écrivait plus tard ces réflexions qui semblent
en être le commentaire :

« Je vous avouerai... que je ne suis jamais plus
heureux que lorsqu'on me laisse dans mon petit
coin. Il est plus facile d'y trouver le bon Dieu
qu'au milieu des hommes. Il me semble que l'on
devient moins *homme* à mesure que l'on fréquente
plus souvent le monde (1). »

L'abbé Imberdis fut ordonné prêtre, en 1824, à
l'âge de vingt-trois ans, avec dispense d'âge.

Il reçut l'onction sacerdotale des mains de Monseigneur de Dampierre (2).

(1) Quoties inter homines fui, minor homo redii (Sénèque).
De Im. Christi.

(2) Ce chapitre a été rédigé d'après les notes qui nous ont
été données par M. Faylide, Mlles Imberdis, Quiquandon,
Daudin et M.

CHAPITRE IV

M. IMBERDIS, VICAIRE A NOTRE-DAME DU MARTHURET, A RIOM

Après un court séjour dans sa famille, l'abbé Imberdis fut nommé vicaire à Notre-Dame du Marthuret.

M. Pierre Chabrier était alors curé de cette importante paroisse (1), et M. Daguillon, mort curé d'Issoire, premier vicaire. Quelque temps après,

(1) M. Chabrier, chanoine de Clermont et de Luçon..., a laissé le souvenir de l'homme de bien par excellence, semant, sur sa route, la charité et le bon exemple. Les trente-trois années de son apostolat furent trente-trois années d'efforts et de sacrifices pour réparer de la Révolution les irrépables outrages et pour rendre à son église un lustre digne de Celle qui en était la patronne... (*L'église du Marthuret*, par Marc de Vissac.)

vint M. Daupeyroux, dont l'église de Saint-Eu-
trope atteste le zèle et le dévouement.

Entre ces trois prêtres, se formèrent les liens
d'une étroite amitié que les années devaient encore
resserrer.

« Il fut véritablement le triple nœud, dont parle
l'Ecriture, que rien ne peut briser. Après plus de
cinquante ans, il était beau de voir ensemble ces
grandes et nobles figures de MM. Daguillon et
Imberdis, de les entendre parler de leurs premières années de sacerdoce et rappeler, avec une
admirable simplicité, ce qu'ils avaient fait pour le
bien des âmes et l'édification de leurs paroisses.
En effet, les hommes pourraient se taire et les
pierres prendraient une voix pour dire les œuvres
magnifiques de ces prêtres qu'on croirait presque
d'un autre âge, tant ils paraissent au-dessus de
l'ordinaire et semblent avoir été laissés si longtemps sur la terre, pour servir d'exemple à ceux
qui viennent après eux (1). »

L'extérieur de l'abbé Imberdis, en apparence
recherché, formait un contraste frappant avec les
allures un peu négligées de l'excellent M. Daupeyroux.

Les paroissiens, qui aimaient leurs prêtres et

______

(1) *Semaine religieuse de Clermont*, 20 janvier 1883.

ne les perdaient point de vue, furent frappés de cette différence de maintien et ils exprimaient familièrement leur appréciation d'une façon que la tradition locale n'a pas encore oubliée.

En réalité, il n'y avait, chez l'abbé Imberdis, ni recherche, ni affectation. Sa distinction était le résultat de sa taille avantageuse et de ses habitudes de bonne éducation contractées dans sa famille.

Il était, en général, physiquement si bien doué, que les vêtements les plus ordinaires, les manières les plus communes empruntaient à sa personne une grâce particulière. La simplicité de son ameublement, le peu de soucis qu'il manifesta toujours pour la décoration de ses appartements, disent assez la modestie et la sobriété de ses goûts.

Est-il nécessaire d'ajouter que cet extérieur correct ne rebuta jamais ni les pécheurs, ni les pauvres ?

Peu à peu, la charité du jeune vicaire lui concilia la reconnaissance des malheureux, et sa piété, la confiance des âmes pieuses.

Son ministère, au saint tribunal, fut laborieux et s'exerça particulièrement en faveur des pauvres et des membres des premières familles de la paroisse. Deux classes de la société qui se touchent en bien des points par l'entremise du prêtre.

« On rapporte que toutes les dames s'adressaient à lui (1). »

Il pratiquait d'ailleurs lui-même les vertus qu'il
enseignait. Dans la direction des âmes, il apportait la prudence d'un confesseur mûri par l'expérience, l'indépendance et la fermeté du saint
prêtre qui ne voit que son devoir.

Contrairement à ce qui se passe de nos jours,
la magistrature se recrutait, en grande partie,
dans la région. La plupart des membres de la Cour
d'appel et du parquet appartenaient aux plus
honorables familles de la contrée. Une société
d'élite habitait la paroisse de Notre-Dame du Marthuret.

L'éducation qu'elle avait reçue pendant la tourmente révolutionnaire l'avait éloignée des pratiques religieuses, sans la dépouiller du respect de
la Religion et de ses ministres. Les relations du
clergé avec la société riomoise étaient fréquentes
et courtoises. Un jeune homme qui occupait dans
la magistrature debout un rang élevé, attira particulièrement, par son esprit chrétien et l'élévation
de ses pensées, l'attention de l'abbé Imberdis :
c'était M. de Bonnechose, mort cardinal et archevêque de Rouen.

(1) Mlle F. F.

Cinquante ans après, le vénérable prélat, de passage à Riom, reçut la visite de M. Imberdis. Ce ne fut pas sans émotion que les deux vieillards se reconnurent et firent revivre le passé, au lieu même où ils l'avaient vécu.

La considération dont jouissait l'abbé Imberdis lui permettait d'aborder avec succès les pécheurs les plus endurcis. Dans les circonstances difficiles, il se jetait à genoux, en présence des malades récalcitrants, et faisait une fervente prière.

« Un jour, raconte M. Monteix, il fut appelé auprès d'un malade qui refusait de se confesser. Il se mit à genoux dans un coin de la chambre et pria un instant. Lorsqu'il se releva, le malade avait complètement changé de dispositions et se confessa sur-le-champ. »

Une autre personne nous écrit :

« Une jeune fille, dont il était le confesseur, avait recommandé souvent à ses prières un vieil oncle avec lequel elle habitait et qui était rempli d'aversion pour les prêtres et pour la Religion.

» La nièce avait essayé de parler au vieillard de nos devoirs envers Dieu, mais elle n'avait réussi qu'à provoquer des blasphèmes. Elle avait donc, sur l'avis de son confesseur, pris le parti de se taire et de prier.

» Mais ce pécheur obstiné étant tombé malade,

la jeune fille fit, de nouveau, part de ses inquiétudes à l'abbé Imberdis. Il s'empressa de se
rendre auprès du malade. Ce dernier, à la vue
du jeune prêtre, entra dans une grande colère,
l'accabla d'injures, lui ordonna de sortir de chez
lui et de ne plus jamais y entrer.

» M. Imberdis l'engagea avec douceur à se cal-
mer, lui disant que puisque sa présence lui était
désagréable il allait se retirer, mais qu'avant de
sortir il lui demandait la permission de prier pour
lui.

» Sans attendre la réponse du malade, il alla
s'agenouiller à l'autre extrémité de la chambre,
pria avec ferveur et sortit sans rien dire au
malade. Quelques jours après, le vieillard ordonna à sa nièce d'aller lui chercher un prêtre,
parce que, dit-il, ayant réfléchi, il voulait se confesser avant de mourir. La jeune fille, aussi surprise que satisfaite, lui demanda quel était le
prêtre de la paroisse qu'il désirait. Il répondit
que n'en connaissant aucun, il accepterait les
secours religieux de celui qu'elle lui amènerait.
Elle lui proposa le jeune vicaire qui était déjà
venu le voir. Le malade répartit qu'il le recevrait
volontiers, mais que lui ayant dit beaucoup d'injures, il ne consentirait pas à revenir.

» La jeune fille, qui savait que cela ne serait pas

un obstacle, pria M. Imberdis de revenir. Le malade reçut les derniers sacrements et fit une mort édifiante (1). »

Une autre fois, il fut appelé auprès d'un ancien officier du premier Empire qui avait, depuis de longues années, négligé toute pratique religieuse.

Il fut assez heureux pour le préparer à recevoir le saint viatique. Le vieux militaire n'avait qu'un bras. A l'arrivée du très Saint-Sacrement, il voulut s'asseoir, mais il tomba lourdement de côté sur sa couche. Il fit alors entendre d'une voix vibrante un gros juron. « Doucement, mon cher ami, dit l'abbé Imberdis. — Comment, Monsieur l'abbé, répondit l'officier avec foi, j'ai perdu un bras pour l'Empereur et vous ne voudriez pas que je me lève quand mon Dieu vient à moi ! »

Le jeune vicaire n'eut pas de peine à faire comprendre aux assistants, dans une courte exhortation au malade, que cette réminiscence n'était pas, dans la présente circonstance, un blasphème (2).

L'éloge du jeune vicaire se trouvait dans toutes les bouches. Ce fut avec une vive satisfaction que son père, allant le voir à Riom, entendit des voya-

(1) Raconté par Mlle M.
(2) Raconté par M. Imberdis lui-même.

geurs, dont il n'était pas connu, parler avec admiration des charités et du zèle de M. l'abbé Imberdis.

Il ne jouissait pas d'une moindre estime dans sa ville natale et parmi les membres de sa famille. Aussi fit-on quelquefois appel à son concours pour engager les malades à se confesser.

Nous laissons la parole à un témoin.

« Ses relations avec sa famille devinrent encore plus affectueuses après son ordination, dit Mlle Imberdis. Il était toujours aimable et d'une douce gaieté. Il avait le don de la persuasion.

» Nous avions dans la famille une jeune personne de dix-huit ans qui se mourait de la poitrine. Elle ne voulait pas entendre parler de confession parce que, disait-elle, elle ne voulait pas mourir. Souvent elle répétait ces mots et tombait dans une espèce de désespoir. On n'osait plus lui parler de sacrements. Notre bon curé, qui n'était alors que vicaire à Riom, vint tout de suite et sut lui persuader de se résigner et de faire son sacrifice. Elle demanda les derniers sacrements et mourut en paix, grâce à ce bon abbé. »

A toutes les heures du jour et de la nuit, l'abbé Imberdis se mettait à la disposition des personnes qui réclamaient son ministère.

Ce fut pendant une de ces courses nocturnes

qu'il se brisa une côte et se froissa un nerf du cou, ce qui lui faisait tenir la tête un peu raide.

Appelé auprès d'un malade, à l'extrémité du faubourg de la Bade, il trouva la barrière fermée. Il tenta de l'escalader, mais, en s'élançant de l'autre côté, sa soutane le retint et il tomba.

Il fut soigné avec un dévouement maternel par Mme Andraud-Berlin (1).

Pendant son vicariat, il fut en même temps aumônier de la prison. A ce titre, il eut plusieurs fois l'occasion de remplir le redoutable ministère de préparer à la mort et d'accompagner à l'échafaud les condamnés à mort. Toujours il eut la consolation de voir ces malheureux revenir à des sentiments chrétiens et accepter, résignés, les arrêts et le châtiment de la justice des hommes.

Est-il à propos, dès maintenant, de parler de sa charité pour les pauvres? Nous aurons plus tard tant de traits édifiants à citer! Son désintéressement inspirait, autour de lui, la générosité. « Ce qu'il recevait d'une main, il le donnait de l'autre (2). »

Seul son ange gardien sait les aumônes dont il fut l'inspirateur et l'intermédiaire, au milieu de la riche et bienfaisante société riomoise.

(1) Mlle F. F.
(2) Mlle M.

« Vingt et trente ans après, les habitants de la paroisse se le montraient encore lorsqu'il traversait la ville (1) », et les personnes du peuple, nous en avons été le témoin édifié, venaient le saluer en racontant ses bienfaits.

Au début de son vicariat, il y avait un jeune homme qui témoignait le désir d'embrasser l'état ecclésiastique, mais les moyens pécuniaires lui faisaient absolument défaut. Le nouveau vicaire se chargea de tous les frais et le jeune homme fit ses études. Il n'arriva pas au sacerdoce. Cet insuccès n'empêcha point M. Imberdis de faire, sur un autre terrain, de pareils sacrifices.

Il était pour les enfants d'une remarquable bonté. Toutefois il savait, entre-temps, montrer de la fermeté et donner aux parents eux-mêmes de salutaires leçons quand les devoirs de la conscience l'exigeaient.

Parmi ses jeunes pénitents du catéchisme de première communion, se trouvait un enfant de bonne famille dont la science et la sagesse ne laissaient rien à désirer. Un jour, l'enfant revint à la maison paternelle les larmes aux yeux, disant que son confesseur venait de lui annoncer qu'il ne ferait pas, cette année, sa première communion.

(1) *Semaine religieuse* de Clermont.

Pourquoi? parce qu'on ne faisait pas observer les lois de l'abstinence à l'enfant. Personne ne céda, ni le confesseur ni la mère. La première communion fut remise à l'année suivante.

Longtemps après, devenu maire d'une commune voisine d'Aigueperse, après avoir abandonné la magistrature, l'ancien premier communiant ne cessa d'entourer d'égards respectueux son ancien catéchiste.

A sa mort, il montra par son esprit de foi et sa bienfaisance qu'il n'avait point oublié les leçons et les exemples du vicaire de Notre-Dame du Marthuret (1).

Après sept ans et quelques mois de vicariat, l'abbé Imberdis fut nommé aumônier des Dames Ursulines de Saint-Alyre, à Clermont. C'était au commencement de l'année 1833.

(1) Raconté par M. Imberdis lui-même.

CHAPITRE V

Lorsque l'abbé Imberdis fut nommé aumônier des Ursulines de Saint-Alyre, ce monastère comptait un quart de siècle d'existence.

Il avait été fondé en 1807 par une ancienne Ursuline du couvent de Montferrand, la Mère Bréchard, dite de Saint-Pierre, avec le concours de l'abbé de Guérines, vicaire général (1).

Il occupe une ancienne abbaye de Bénédictins ruinée par la Révolution et située au nord-ouest de l'antique cité arverne. Ce riant et fertile vallon est doublement riche et par la fécondité de son sol et par les souvenirs religieux qui s'y rattachent.

(1) *Annales de l'Ordre de Sainte-Ursule.*

C'est une de ces terres privilégiées que le cie
destine à produire des saints. C'est là que s'élevai
autrefois l'église, gardienne et dépositaire de
reliques de saint Alyre, connue, dans les Annale
du diocèse, sous le nom de Notre-Dame d'Entre
Saints. Avant les Filles de Sainte-Angèle, les Fil
de Saint-Benoît cultivèrent longtemps cette terr
sanctifiée.

Plus loin, en remontant l'échelle du temps
plus de six mille martyrs l'arrosèrent de leu
sang.

Enfin, au temps d'Austremoine, c'était le bourg
des chrétiens où l'Apôtre de l'Auvergne fonda le
premier baptistère et groupa le premier noyau de
fidèles.

Les Ursulines recueillent et continuent, avec la
ferveur des temps primitifs, « au centre de ce
vaste reliquaire, » ces pieuses traditions de piété
de travail et de sacrifices.

M. Imberdis remplaça, comme aumônier,
M. Mercier, mort vicaire général.

« Mon cher confrère, dit l'abbé Mercier au nouvel aumônier, ne faites pas comme moi ; j'avais
pris un genre qui ne m'a pas réussi. »

Recommandation inutile ! il n'entrait point dans
le tempérament de M. Imberdis d'être satirique et
mordant. Sa parole, en chaire, au confessionnal,

en conversation, portait toujours l'empreinte de la bienveillance et de la douceur.

Souvent il a répété et mis en pratique toute sa vie, cette maxime de saint François de Sales : « L'on prend plus de mouches avec une once de miel qu'avec cent barils de vinaigre. »

Cet asile silencieux du recueillement et de la prière souriait à son cœur vertueux. Les délicates fonctions sacerdotales qu'il y venait exercer n'étaient point au-dessus de ses aptitudes. Il était homme intérieur. Il possédait suffisamment la théologie mystique pour conduire sûrement les religieuses dans les voies de la perfection. Il avait le discernement, la sûreté de jugement nécessaires pour décider et diriger la vocation des postulantes et des novices, la prudence et le zèle pour développer, dans le cœur des élèves, les germes des vertus chrétiennes qui font, dans le monde, la femme forte.

Aussi son ministère fut-il accepté avec la plus vive satisfaction. Il produisit des fruits spirituels dont le souvenir s'est perpétué dans le monastère.

Après cinquante ans, on écrit ces lignes :

« Toute la communauté avait pour M. Imberdis respect profond, religieuse vénération, confiance entière. Sa direction était sage, éclairée, douce et ferme en même temps. Elle portait les âmes à une haute perfection.

» Son extérieur était digne et grave. Sa modestie avait quelque chose de plus angélique qu'humain. Il imprimait le même sentiment de respect et de vénération aux élèves, et il produisit d'heureux fruits dans les âmes en les portant à la réception fréquente de la sainte communion (1). »

Ces heureux fruits ne tardèrent pas à se révéler.

Plusieurs jeunes personnes du pensionnat qui se destinaient au monde, leur éducation finie, durent à la sage direction du vertueux aumônier leur entrée dans la vie religieuse.

Telle fut M⟨lle⟩ Desserre. Elle fit une confession générale vers l'âge de quinze ans. Les paroles qui lui furent dites, en cette circonstance, ne s'effacèrent plus de sa mémoire. M. Imberdis lui assura, entre autres choses, qu'elle serait religieuse, bien qu'elle n'eût, à ce moment, nul désir de le devenir. La suite donna raison à la prévoyance du directeur éclairé.

A une autre élève, M⟨lle⟩ Grenet, il dit que Dieu avait des vues sur son âme ; elle était alors âgée de quatorze ou quinze ans, qu'elle sortirait du

(1) Sœur du Sacré-Cœur, religieuse ursuline.

couvent, mais qu'elle y rentrerait pour n'en plus sortir. Cette prévision s'est également réalisée.

Une jeune postulante, riche en vertu mais peu douée sous le rapport de la santé, sollicitait en vain son admission au noviciat. M. l'aumônier pensait que la faiblesse de sa constitution ne serait pas un obstacle à l'accomplissement des devoirs de la vie du cloître. Il lui suggéra un innocent stratagème qui devait aboutir et, en même temps, couvrir la responsabilité des Révérendes Mères du conseil.

Un jour donc que Monseigneur Féron se trouvait dans le monastère, à l'occasion d'une fête, la jeune personne vint, dans le jardin, se jeter aux pieds de son évêque et implorer sa protection (1).

La Sœur économe prit la parole pour motiver, aux yeux du prélat, la décision du conseil, mais elle avait compté sans la bonté de Monseigneur Féron et le talent de persuasion de l'aumônier.

La jeune postulante fit une sainte religieuse et, quelques années plus tard, une mort plus sainte encore (2).

(1) Quelques années auparavant, Mlle de l'Hospital s'était fait ouvrir les portes du noviciat en se jetant aux genoux du duc d'Angoulême. (*Annales de Sainte-Ursule*).
(2) Mlle Quiquandon.

Les conseils du sage directeur n'étaient pas moins utiles aux religieuses.

La Sœur Sainte-Agathe, pour ne parler que de la Mère supérieure, avait « aux lumières de M. l'aumônier la plus entière confiance. Et si elle est allée si loin, dans les voies de la perfection, elle a eu pour l'y conduire un guide qui y marchait lui-même avec une admirable générosité (1). »

Il assista, à ses derniers moments, cette vénérable religieuse qui avait obtenu de Dieu de mourir pour ne pas remplir une seconde fois les fonctions de supérieure.

Il ne sera pas sans intérêt de lire dans son onctueuse simplicité, tracé par M. Imberdis lui-même, le récit de la dernière entrevue sur la terre de ces deux âmes d'élite.

« Dans la journée des élections, dit-il, elle me répéta plusieurs fois : J'ai fait aujourd'hui le plus grand sacrifice de ma vie... Elle se trouva assez bien dans la soirée. Le médecin nous assura que sa santé n'offrait rien d'alarmant. Le lendemain, de grand matin, cette bonne Mère me fit appeler et, d'un air joyeux, me dit : Eh bien ! mon Père, le bon Dieu a agréé mon sacrifice, il m'appelle à lui, aujourd'hui j'irai dans la maison de mon Sei-

(1) Sœur du Sacré-Cœur.

gneur et divin Epoux... Je crus d'abord que le délire la faisait ainsi parler, mais elle me répéta avec un grand sang-froid : Oui, mon Père, Dieu a exaucé ma prière, j'aurai le bonheur de voir mon Dieu : je serais même morte dans la nuit, si je n'avais demandé la grâce de recevoir les sacrements de l'Eglise, afin de paraître un peu moins coupable devant mon Juge.

» Alors il s'établit une espèce de combat entre elle et moi : Vous ne pouvez pas nous quitter si vite, lui dis-je. Dieu avait sans doute ses desseins, lorsqu'il a permis que vous fussiez élue supérieure ; il faut lui demander de rester encore quelque temps avec une communauté à laquelle vous êtes nécessaire. Croyez-vous, me répondit-elle avec un accent douloureux ? Si, malgré mes misères, le bon Dieu me reçoit près de lui, je serai bien plus utile à nos chères filles. Je vous en prie, permettez-moi de mourir... Si telle est la volonté de Dieu, lui dis-je, qu'elle s'accomplisse!... Alors son front redevint serein, ses yeux brillèrent d'un vif éclat, et dans un bonheur inexprimable elle s'écria : *Deo gratias.* Puis elle ne songea qu'à se préparer à recevoir dignement le viatique des mourants (1). »

(1) *Annales de Sainte-Ursule.*

M. Imberdis profitait admirablement, pour son avancement spirituel, du ministère qu'il exerçait près de ces dignes épouses du Christ. Chaque jour, il s'appliquait à suivre la recommandation du Saint-Esprit : Que le saint travaille encore à se sanctifier (1). Les pieuses exhortations qu'il faisait aux religieuses, il les mûrissait d'abord au profit de son âme.

Cette droiture d'intention, cette fidélité à la présence de Dieu qu'il recommandait à ses pénitentes étaient, pour sa piété, un aliment substantiel dont le bienfaisant effet rejaillissait sur tout son extérieur.

Une de ses parentes, étant venue passer quelques jours à Clermont pour affaires, lui demanda l'hospitalité. Elle repartit édifiée, ravie du recueillement, de la modestie, des pieuses conversations de son vénéré cousin : « Que c'est saint, la vie d'un prêtre ! » écrivait-elle dans sa naïve admiration.

Sa vie intime était digne du cloître.

On constate d'autre part des traits de ressemblance frappants entre sa piété et celle de quelques-unes des vénérables Mères les plus avancées dans le chemin de la perfection : c'est la

(1) *Apoc.*, XII, 11.

même indifférence à l'égard des contradictions et de l'estime des hommes, la même confiance absolue aux soins de la Providence, les mêmes appréhensions inspirées par l'humilité.

Que de fois ce proverbe si chrétien est tombé de ses lèvres! *Bien faire et laisser dire.* C'était aussi la devise de la vénérable Mère Sainte-Agathe dont il avait recueilli le dernier soupir (1).

« J'ai bien peur, disait-il, à la fin de sa vie, dans une autre communauté, j'ai bien peur qu'on me laisse longtemps en Purgatoire, on me croira un saint, alors que je n'ai été qu'un grand pécheur, et l'on ne priera pas pour moi (2). »

C'était aussi le sujet des craintes de la vénérée fondatrice du couvent de Saint-Alyre, la Mère Saint-Pierre.

« J'ai beaucoup péché, disait-elle à ses Sœurs qui lui parlaient de son bonheur de voir bientôt Dieu, j'ai beaucoup péché, et je crains bien qu'avec vos compliments et votre charité, vous me laissiez longtemps gémir en Purgatoire (3). »

Cette similitude de pieux sentiments, dans les

(1) *Annales de Sainte-Ursule*, tome I, page 496.
(2) Sœur S.-J.
(3) *Annales de Sainte-Ursule*, tome I, page 464.

voies de la spiritualité, est commune dans la vie des saints.

Au milieu de ses nombreuses occupations, l'abbé Imberdis voulut se créer quelques moments de loisirs pour les consacrer à l'étude.

A cette fin, il décida, relativement aux confessions, de ne pas donner à chaque personne, montre en main, sauf les cas exceptionnels, plus de dix minutes. Du reste, il mesura son temps de la même manière, à peu près, durant toute sa carrière sacerdotale (1).

Comme il prenait ses repas seul, il ne se mettait point à table sans avoir un livre sous les yeux (2).

Sa santé un peu compromise, à la fin de son vicariat, se rétablit à Saint-Alyre. Monseigneur Féron songea donc à donner à son zèle un plus vaste champ (3).

L'abbé Imberdis obtint de son évêque quelques semaines de vacances et visita, avec un confrère ami, Rome et l'Italie.

Il eut le bonheur d'obtenir une audience de Grégoire XVI. Il aimait à narrer en détail, avec

(1) Mlle Quiquandon.
(2) Mlle M.
(3)   Id.

son talent de spirituel conteur, les incidents de ce voyage et les merveilles qu'il avait admirées dans la capitale du monde chrétien.

A son retour, Monseigneur Féron le nomma curé de Notre-Dame d'Aigueperse. C'était au printemps de 1839. Il avait alors trente-huit ans.

CHAPITRE VI

M. IMBERDIS, CURÉ DE NOTRE-DAME D'AIGUEPERSE — LA
VILLE D'AIGUEPERSE — LA COLLÉGIALE DE NOTRE-
DAME — M. LEFORT — PREMIÈRE VISITE

La ville d'Aigueperse tire son nom de sa position topographique. *Aqua-sparsa* signifie *eau répandue çà et là*. Dominée par la butte de Montpensier, les coteaux de Dinchin, de la Mâtre, de la Bosse et de la Roche, la Ville en reçoit les eaux. C'est, sur ces pentes fertiles, aux jours de grandes pluies, un multiple torrent : en d'autres temps, un perpétuel suintement. Avant que les pêcheries et les fossés fussent creusés, cette eau croupissait autour de quelques maisons qui formaient la cité naissante, dans le quartier du Bourg.

Car, primitivement, Aigueperse n'était qu'un

bourg dont le quartier de l'église paroissiale a, depuis le ixe siècle, porté le nom.

La route nationale qui la traverse et la protection des seigneurs du château de Montpensier, dont elle devint la capitale, lui donnèrent peu à peu de l'importance.

Au Bourg s'ajoutèrent les quartiers de la Chossade et de la Ville-Neuve. Elle fut ceinte de fossés et de murs. Elle eut plusieurs tours, six portes fortifiées (1), un arsenal et de l'artillerie.

Dans les temps de guerre, elle servait de refuge aux habitants des villages voisins qui contribuaient à l'entretien de ses fossés et de ses murs d'enceinte. Elle avait quatre consuls, seize conseillers, et, parmi les treize *Bonnes Villes* de l'Auvergne, elle occupait le cinquième rang.

Elle comptait plusieurs églises et chapelles (2), deux chapitres, deux monastères et un hospice.

Sa population néanmoins ne fut pas plus élevée

(1) 1º La porte de Saint-Quintien ou de Naudras ; 2º la porte de Saint-Nicolas ou des Bouchers ; 3º la porte des Oulles ou des Brebis ; 4º la porte des Bœufs ou de la Poterne, près le cimetière de Sainte-Madeleine ; 5º la porte de la Prison ; 6º la porte des Chèvres.

(2) L'église de Notre-Dame ou du Saint-Sépulcre, l'église de Sainte-Marie-Madeleine, l'église de Saint-Louis ou la Sainte-Chapelle, l'église des Clarisses, la chapelle de l'Hospice, la chapelle de La Recluse et la chapelle des Ursulines.

que de nos jours. A la fin du XVIIe siècle, Aigueperse avait seulement. 2169 habitants et 650 feux.

Elle eut ses jours de deuil et ses jours de fête.

Assiégée et pillée une première fois en 1370
par Robert de Ventadour, comte de Montpensier,
elle souffrit principalement pendant la Ligue. Successivement au pouvoir des Royalistes et des
Ligueurs, elle fut maltraitée par les uns et les
autres.

Elle vit ses bestiaux enlevés, ses maisons sacca-
gées et brûlées, ses filles insultées, ses notables,
Vincent de Gans, Claude Cousin, Jacques Culhat
et autres, prisonniers et vendus comme un vil
bétail.

La peste l'éprouva durement, à diverses reprises. En 1579 et pendant les deux années suivantes, mille à douze cents personnes moururent
frappées du terrible fléau. Grand nombre de maisons restèrent inhabitées. Cependant, au milieu
de ces angoisses successives, Aigueperse resta
fidèle au Roi.

Cette inviolable fidélité à la Maison de France
lui valut des faveurs extraordinaires. Plusieurs
rois la visitèrent, lui accordèrent des privilèges
et, dans ses moments de détresse, l'exemptèrent
de tailles.

L'un d'eux, Louis XI, séjourna deux fois dans

la ville d'Aigueperse et lui permit d'ajouter à l'écu de ses armes : *Un écu d'azur dedans le giron et dans le dit écu une fleur de lis couronnée* (1).

Elle eut aussi ses grands hommes, dont le plus célèbre est sans contredit le chancelier Michel de l'Hospital. Il accompagna, dans la *belle et longue ville,* Charles IX, en 1566, et eut sa part de triomphe dans la magnifique réception faite par les habitants d'Aigueperse au Roi de France (2).

Le service religieux de la ville était aux soins du clergé de Notre-Dame. L'église de Notre-Dame, à partir du XIe siècle, dépendit du Chapitre de Saint-Genès de Thiers. Guy II, vicomte de Thiers et seigneur d'Aigueperse, fonda, en 1016, la Collégiale de Saint-Genès et lui donna l'église d'Aigueperse et les cens qu'il avait le droit d'y percevoir (3).

En conséquence de cette donation, le Chapitre

---

(1) Les Armoiries de la ville d'Aigueperse sont : Gironné d'argent et de gueules, à un chef de France dentelé d'azur, à un écu d'azur au lis d'or couronné du même.

(2) Appendice, § II.

(3) On lit dans une ancienne notice de la Collégiale de Saint-Genès de Thiers : *Insuper dedit (Guido) ecclesiam Sanctæ-Mariæ cum villa quæ Aqua Sparsa dicitur atque omnia quæ pertinent ad ipsam villam.* — Pierre Culhat, dit *Tête noire. Chronologie des seigneurs... de Montpensier. Tablettes historiques de l'Auvergne.*

de Thiers perçut, pendant plusieurs siècles, des cens sur les maisons et les hôtels du quartier du Bourg.

Toutes les tentatives faites par le clergé d'Aigueperse pour se soustraire à cette redevance restèrent infructueuses. Toutefois, en 1253, il obtint de Guy de Latour, évêque de Clermont, l'autorisation de se constituer en Chapitre.

Geraud, chapelain, Pierre de Menat et Guichard Aycelin, au nom de tous les clercs de l'église de Notre-Dame, présentèrent à cette fin une requête au prélat.

Il les autorisa à former *un collège et corps au nombre de vingt. Ils pourront avoir un scel et former un chœur en la dite église. Le chapelain sera le premier dans le collège. Tous les revenus seront partagés proportionnellement entre eux. On sonnera, en la dite église, toutes les heures canoniales.*

Cette érection ne détruisit point les droits du Chapitre de Thiers. Il conserva la nomination du curé, ses revenus et sa préséance dans l'église de Notre-Dame. Ce n'est que trois siècles et demi plus tard que la Collégiale d'Aigueperse s'affranchit totalement du Chapitre de Saint-Genès. Une dernière transaction eut lieu le 5 juillet 1600. Pour se libérer de toute redevance à l'égard du Chapitre de Thiers, celui d'Aigueperse lui *baille et*

*délaisse trois dîmes appelées le grand et le petit Bres-
soles, dans les villages de Persignat et d'Aubiat,* et
lui reconnaît en outre quelques droits honorifiques
mentionnés dans les précédentes transactions.

La Révolution, en dépouillant et dispersant les
chanoines d'Aigueperse et de Thiers, mit fin à
ces démêlés séculaires (1).

Elle s'appesantit affreusement sur la capitale
du duché de Montpensier. Avec les privilèges et
les chartes de la malheureuse ville, la Révolution
détruisit ses plus importants établissements, pilla
et profana ses églises, martela ses plus beaux
monuments, persécuta ses prêtres fidèles, traîna
sur l'échafaud quelques-uns de ses enfants (2),
ruina son industrie et son commerce.

Quand les églises désolées furent rendues au
culte catholique, la paroisse de Notre-Dame vit,
non sans appréhension, s'asseoir, dans les antiques stalles de ses chanoines, un ancien curé
constitutionnel, M. Lefort.

(1) Pour les notions historiques qui précèdent, voir Chabrol : *Coutumes, — Chronologie des seigneurs... de Montpensier,* dans les *Tablettes historiques de l'Auvergne, — Les
Guerres religieuses en Auvergne,* par M. André Imberdis,
— Tardieu, *Dictionnaire historique,* — les archives de la
mairie d'Aigueperse, — *Etude sur les ducs de Montpensier,*
par M. Gabriel Depeyre, etc.

(2) M. Rollat fut décapité à Paris comme royaliste.

Originaire d'Aigueperse, ex-chanoine du Chapitre de Notre-Dame d'Aigueperse, ancien curé assermenté de Thuret, M. Lefort « avait profité des arrangements survenus entre le pape Pie VII et l'empereur Napoléon pour conserver un poste dans l'Eglise, sans avoir donné à l'Eglise la satisfaction qu'il lui devait après son adhésion à la Constitution civile du Clergé (1). »

Il ne donna cette satisfaction que quelques années avant sa mort. Sur les instances de ses vicaires, il se rendit à une retraite pastorale et fit, devant son évêque et ses confrères dans le sacerdoce, une éclatante rétractation de ses erreurs (2).

Le ministère de M. Lefort fut, à la tête de la paroisse, d'au moins quarante ans. Il n'eut de remarquable que sa durée. M. Lefort ne jouissait pas d'un prestige suffisant auprès de ses compatriotes pour faire, avec succès, l'œuvre de Dieu. Il habitait seul et n'avait avec ses vicaires que les rapports nécessités par le service religieux de la

(1) *Semaine religieuse de Clermont,* 10 avril 1880.

(2) M. Lefort avait fait pressentir cette démarche lors du premier passage de Mgr Féron à Aigueperse. « Puissions-nous, avait-il dit dans une harangue au prélat, assez profiter des consolations et des secours qui nous viennent pour pouvoir un jour être votre couronne et mériter la nôtre. » *(Sem. relig.,* ibid.)

paroisse. La gestion de son patrimoine prenait, dans ses préoccupations, une plus large part que le soin des âmes et l'intérêt matériel de son église.

Cependant les paroissiens de Notre-Dame continuaient la tradition séculaire de leurs bonnes œuvres par les mains des vicaires et de l'aumônier de l'hospice. Ils méritaient ainsi d'avoir, pendant de longues années, un zélé pasteur. Car si Dieu donne aux nations les gouvernements qu'elles méritent , aux paroisses il donne aussi les curés dont elles sont dignes.

M. Lefort venait de rendre son âme à Dieu. M. l'abbé Gannat dit à M. Imberdis : « Si Monseigneur vous offre la paroisse d'Aigueperse, l'accepterez-vous ? — Je suis à la disposition de Monseigneur. — J'avais un candidat, repartit le vicaire général , mais puisque vous êtes dans l'intention d'accepter, il n'en sera pas question…. Je vous demande d'aller vous installer. »

Quelques semaines après cet entretien, l'aumônier des Ursulines reçut sa nomination et fit aussitôt sa première visite.

Il descendit de voiture à l'entrée de la ville. A mesure qu'il avançait dans la longue rue d'Aigueperse avec les prêtres qui l'accompagnaient, les habitants sortaient des maisons, les enfants se groupaient et suivaient le nouveau pasteur.

L'abbé Imberdis leur disait quelques mots affectueux.

La foule alla grossissante jusqu'à l'église, les prêtres y entrèrent, la foule les suivit, et M. le Curé lui adressa quelques paroles (1).

Le nouveau pasteur rentra à Clermont, ravi de cette réception respectueuse et empressée. Dès ce moment, il fut tout dévoué, corps et âme, à ces chers paroissiens d'Aigueperse. Cet amour généreux, sans restriction, sans arrière-pensée, fécondera merveilleusement son long ministère et se perpétuera, sans l'ombre d'une défaillance, jusqu'à la mort.

(1) Raconté par M. Trellet, alors enfant de chœur.

CHAPITRE VII

M. IMBERDIS, CURÉ DE NOTRE-DAME D'AIGUEPERSE
— PREMIÈRES ANNÉES

L'installation de l'abbé Imberdis fut présidée par M. Gannat. Elle eut lieu le dimanche du Bon-Pasteur. On fit remarquer cette coïncidence et l'on voulut y voir un heureux présage pour le pasteur et les fidèles.

L'église était comble, on escaladait même les bancs pour le voir et pour l'entendre. Il prononça un touchant discours. On pressentit dès lors tout ce que son cœur sacerdotal renfermait de zèle et de dévouement.

La satisfaction fut universelle.

« Tout le monde, dit un témoin, aimait notre Evêque par le seul motif du choix qu'il venait de faire (1). » Seule, la crainte de perdre un prêtre si éminent, qui semblait destiné à un poste plus élevé, troublait la joie de quelques personnes. Mais lui, continue le même témoin, marquait sa place dans le nouveau cimetière, au pied de la croix. A dater de ce moment, il ne vécut que pour ses paroissiens, grands et petits, pauvres et riches, heureux et malheureux.

Dès les premiers jours, il commença une visite générale. Il fut accueilli avec cette politesse exquise et franche qui a toujours été l'apanage des habitants d'Aigueperse. On l'attendait avec impatience. Quelques enfants des meilleures familles récitaient des fables de La Fontaine ou de Florian pour lui souhaiter la bienvenue (2). Le pasteur, prévenu sans doute de ces délicatesses enfantines, prenait ses mesures pour ne pas rester en retard avec la plus intéressante portion de son troupeau. Les médailles, les images, voire même les bonbons pleuvaient dans les mains des enfants, et les parents étaient conquis.

Non moins satisfaits étaient les pauvres.

Il allait ainsi de maison en maison, à la recherche de ses ouailles, gagnant l'attachement des

(1) Mme Irma Lagout.
(2)   Id.

bons chrétiens, imposant aux autres le respect des ministres de la Religion.

Car, à cette époque, si la ville comptait un excellent noyau de chrétiens pratiquants, il y avait aussi beaucoup d'indifférents. Malgré le zèle intelligent de quelques vicaires, secondés par l'aumônier de l'hospice, l'esprit religieux avait trop souffert pendant le long et infructueux ministère de M. Lefort.

Les hommes de la société, fonctionnaires et rentiers, ne donnaient pas au peuple l'exemple de la fidélité aux pratiques de la Religion.

« Cette génération, élevée tout entière par le monopole universitaire dans un esprit de neutralité semi-bienveillante, semi-défiante ou dédaigneuse pour le christianisme, n'allait guère au delà de la bonne tenue et de la courtoisie.

» L'indifférence aidant et le respect humain aussi, on se tenait en dehors de la vie chrétienne. Si l'on allait quelquefois à la messe, le dimanche, sous le pavillon de sa femme ou de ses filles, on estimait que c'était déjà beaucoup (1). »

« A Aigueperse, à cette époque, la bourgeoisie désertait en corps la Table sainte (2). »

(1) Amédée de Margerie, *Vie de M. Mourlon.*
(2) Mlle F. F.

L'indifférence de la classe la plus élevée trouvait un complice, contre l'esprit religieux, dans un certain progrès matériel apporté à la ville par la famille d'Orléans.

Madame Adélaïde et le roi Louis-Philippe Ier, son frère, passaient à Aigueperse pour se rendre au château de Randan et se plaisaient à mettre largement à contribution le commerce et l'industrie de l'ancienne capitale du duché de Montpensier.

La jeunesse n'étant, d'autre part, retenue par aucune œuvre paroissiale, se laissait entraîner à la légèreté de son âge. Le roulage incessant des voitures qui amenaient dans la ville grand nombre d'étrangers, lui était une cause de périlleuse dissipation.

L'instruction des enfants était, en partie, confiée à des mains mercenaires (1). Enfin, la piété chrétienne se trouvait confinée au sein de quelques familles honorables.

Pour le nouveau pasteur, c'était un renouvellement paroissial à opérer.

(1) M. Touzet, aumônier de l'hospice, et M. Brisard faisaient la classe à quelques garçons ; Mlle Georgette Degeorge et ses compagnes, à un assez grand nombre de jeunes filles.

Il fallait faire pénétrer dans l'esprit public le sentiment religieux, relever le prestige sacerdotal, amener la population dans l'église, faire persévérer la jeunesse, assurer l'avenir par l'éducation chrétienne de l'enfance.

C'était donc un vaste plan à réaliser. M. Imberdis était capable de le concevoir et de l'amener à bonne fin.

Il était à l'âge où l'expérience a déjà mûri le prêtre sans diminuer ses forces et son énergie. Il possédait éminemment les qualités qui font accepter avec respect et confiance l'autorité pastorale : la bienveillance, la modération, la justice, la dignité du caractère, la piété.

Si l'on suit, pas à pas, M. le Curé d'Aigueperse à travers les œuvres qu'il a faites pour la régénération religieuse de sa paroisse, on acquiert la conviction qu'il a le pressentiment d'un long ministère et qu'il suit lui-même les lignes d'un programme universel dessiné à l'avance.

Il procède avec poids et mesure. Il ne précipite ni les réformes à faire, ni les œuvres à créer.

Rarement il conduit deux œuvres en même temps, mais pendant que l'une s'accomplit, il en médite une autre. Il apporte dans ce travail persévérant la prudence qui calcule à froid, toute la valeur d'une entreprise : son opportunité, ses difficultés, ses moyens d'exécution, ses résultats. Ce n'est qu'après avoir tout pesé dans la balance d'un jugement sûr, éclairé, qu'il en vient à l'action : mais alors il va de l'avant avec une inébranlable persévérance, surmonte ou détourne les obstacles et arrive mathématiquement à ses fins.

On n'a point connaissance d'une œuvre importante qu'il ait entreprise sans la terminer.

Comme tous les hommes de bien, il trouve sur son chemin des opposants, des contradicteurs. Il n'y a que les prêtres qui ne font rien qui n'en rencontrent point. Son tact exquis sait les vaincre sans les irriter. La noblesse de ses sentiments, son égalité d'âme, son héroïque désintéressement les désarment, les subjuguent, en fait la conquête. Plusieurs finissent par marcher à sa suite et deviennent ses coopérateurs.

Mais il est temps de voir à l'œuvre M. le Curé d'Aigueperse et de raconter en détail le zèle actif, la charité compatissante qu'il a déployés au sein de sa paroisse pour le soulagement des corps et le salut des âmes.

Il comprit que le pasteur doit être le premier à la peine. Il ne tint même pas assez compte, dans les commencements, des ménagements que réclamait l'état de sa santé. Il célébra la plupart des mariages, officia aux sépultures, chanta la grand'-

messe tous les dimanches et jours de fête. Régulièrement, il prêchait à la première messe, en dehors des sermons qu'il donnait à son tour à la messe de paroisse.

L'indifférence religieuse des hommes l'attristait profondément. C'est à cette importante partie de ses ouailles qu'il consacra les premiers feux de son zèle. Au carême suivant, il donna lui-même une retraite spéciale aux hommes.

Cette pratique, tant recommandée par les évêques et si fertile en fruits spirituels, lui valut, dès le début, de grandes consolations. Le respect humain commença bientôt à battre en retraite. L'église se remplissait. Les hommes qui étaient le plus en vue dans la ville suivaient, en majorité, le courant. On aimait son attitude pieuse et grave, sa parole correcte, son ton bienveillant, persuasif et persuadé, ses raisonnements pratiques, les traits édifiants et les spirituelles saillies dont il émaillait ses instructions, ne craignant point d'égayer quelquefois son auditoire et de sourire lui-même.

Tous, sans doute, n'allèrent point jusqu'à l'accomplissement du devoir pascal, mais, dès lors, un grand nombre d'hommes furent plus réguliers à l'assistance aux offices de la paroisse.

Il employa la même méthode les années suivantes, et, chaque fois, de nouveaux retours à

Dieu venaient encourager son zèle et récompenser ses efforts.

Il savait que la beauté des cérémonies a sur le peuple une irrésistible influence, il prit soin que les fêtes de la paroisse fussent très solennellement célébrées.

Il favorisa particulièrement l'antique dévotion des habitants à saint Quintien, patron de la ville d'Aigueperse (1). A cette fin, de concert avec le Conseil municipal, il obtint de l'autorité ecclésiastique qu'Aigueperse célébrerait, comme Riom, la fête de son patron deux fois l'année. Il y eut dès lors la Saint-Quintien d'hiver et la Saint-Quintien d'été (2).

A la grande satisfaction des âmes pieuses, il établit, dès les premières années, les exercices du mois de Marie. Il fit élever un trône à la Sainte Vierge et travailla lui-même à sa décoration. Chaque jour du mois de mai, après la première messe, il fit, à haute voix, une méditation sur les grandeurs et les vertus de la Reine du ciel.

(1) Le 30 juillet 1589, les habitants d'Aigueperse firent vœu à saint Quintien de faire refaire sa châsse, afin d'être délivrés de l'ennemi pendant les guerres religieuses. (Archives de la mairie d'Aigueperse).

(2) Lettre de M. Brun, vicaire général. — Archives de la mairie.

Plus tard, il réunit un plus grand nombre de fidèles en plaçant cet exercice le soir, à la tombée de la nuit.

Il ne consulta plus ses forces, il parla si souvent à son peuple qu'il contracta bientôt une maladie de larynx et fut contraint de faire plusieurs traitements à Enghien et aux Eaux-Bonnes. Son médecin n'osait modérer son zèle. « Tant je comprends, disait-il, qu'il fait le bien (1). »

Quand la maladie trahit totalement sa volonté, et qu'il ne put lui-même cultiver la vigne du Seigneur, il ne négligea rien pour stimuler le zèle de ses vicaires et faire venir dans la paroisse des prédicateurs étrangers, religieux ou prêtres séculiers.

(1) Mlle F. F.

CHAPITRE VIII

M. IMBERDIS ET LE PRESBYTÈRE — L'ANCIEN MONASTÈRE DE L'*Ave-Maria* DE SAINTE-CLAIRE — SIMPLICITÉ DES APPARTEMENTS DE M. IMBERDIS — SON EXTÉRIEUR DIGNE

A l'arrivée de M. Imberdis, la commune d'Aiguepersc n'avait pas de presbytère. Elle mit provisoirement à sa disposition une maison située dans la rue Delille, assez éloignée de l'église (1).

Le premier soin de M. le Curé fut d'inviter ses deux vicaires à partager sa demeure et sa table.

Il entrait d'ailleurs, par cette mesure, dans les intentions de Monseigneur Féron, et lui-même comprenait les avantages spirituels et matériels de cette cohabitation.

(1) Aujourd'hui l'école communale des filles.

Quelque temps après, la commune assigna une autre habitation au clergé paroissial.

La Révolution de 93, en s'emparant des biens des églises et des couvents, n'a pas réussi à détourner de leur destination primitive tous les édifices bâtis par la piété chrétienne. Les églises ont été rendues au culte et plusieurs couvents servent aujourd'hui d'habitation à d'autres communautés religieuses ou au clergé des paroisses. Ainsi en est-il à Aigueperse ; la commune installa définitivement ses prêtres dans une partie de l'ancien monastère des Clarisses.

Il n'est pas sans intérêt de jeter un rapide coup d'œil sur le glorieux passé de cette maison (1).

Là, aux siècles de foi, sont venues s'immoler à Dieu, dans le silence et l'obscurité du cloître, les filles des plus illustres familles de la contrée : Catherine de Bourbon, « très chère et bien-aimée tante » du roi Charles VIII, Colette de Chazeron, Gabrielle de Chauvigny de Blot, Jeanne de Veyny d'Arbouze de Villemont, Antoinette du Lac et bien d'autres de naissance plus humble.

Là, où furent les chapelles du monastère, reposent les cendres des de Latour, des de Marillac, des de Combauld, des de Laboulaye, etc..., dont

(1) Voir l'appendice, § 3.

les armoiries ont en partie résisté au marteau des-
tructeur de la Terreur et du temps (1).

La célèbre réformatrice de l'ordre des Clarisses,
sainte Colette, établit elle-même ce monastère. On
conserve, à l'hospice, la tasse de bois dont se servit
la sainte lors de ce voyage.

Elle venait d'établir à Moulins un monastère de
l'étroite Observance de Sainte-Claire. De là, elle
se rendit à Aigueperse avec Marie de Berry, com-
tesse de Montpensier, épouse de Jean de Bourbon,
alors prisonnier en Angleterre depuis la bataille
d'Azincourt.

Pour la construction du monastère, Marie de
Berry donna l'hôtel où l'on rendait la justice et la
maison où l'on plaçait les grains du comté. On
acheta ensuite, près de l'église collégiale, à Pierre
de Giac, un hôtel, et, à Etienne d'Oultre, une
autre maison avec cour spacieuse.

La pierre fondamentale fut bénite le 4 novembre 1423.

Il y eut de l'opposition de la part de quelques
habitants (2). Il fallut une sentence du Pape pour
la faire cesser.

(1) Dans la maison donnée à la Fabrique par Mlle Dulin-
Lamothe se trouvent plusieurs écussons assez bien conservés.

(2) Le curé et les chanoines de Notre-Dame démolissaient
pendant la nuit l'ouvrage que les maçons faisaient pendant

Le monastère fut promptement achevé, et, deux ans plus tard, l'église fut sacrée par Odo, évêque in partibus.

Sainte Colette laissa six religieuses à son départ. Au milieu du XVIIᵉ siècle, il y en avait cinquante, et quarante en 1790 (1).

L'établissement fut doté de fondations. L'église fut successivement agrandie de quatre chapelles sépulcrales.

Trois siècles après sa fondation, 1733, il fut reconstruit sur de nouveaux plans par les soins et les libéralités de Louis d'Orléans, duc de Montpensier. Ce prince pieux, par ses abondantes charités, cherchait à se consoler de la mort de sa jeune épouse, Marie-Jeanne de Bade.

La Révolution dispersa les filles du monastère de l'*Ave-Maria* de Sainte-Claire, et vendit leur couvent. Mais ces murs, témoins séculaires des austérités et des angéliques vertus des Clarisses, abriteront encore, en d'autres temps, quelques membres de la race élue de Dieu.

La Providence, qui se joue des pervers desseins

le jour. Ils furent condamnés, par sentence du Pape, aux dépens et à 500 livres d'amende applicables à la construction du monastère. (*Annales de Sainte-Claire*. Pierre Culhat, chronologie).

(1) Voir l'appendice, § IV.

des hommes, installera, dans les bâtiments du monastère, les prêtres de la paroisse, les Dames de la
Miséricorde, les Sœurs de Bon-Secours ; et les
dépendances proches de l'église seront la propriété
de la Fabrique. Moins d'un siècle après, les enfants
et les pauvres y viendront recevoir l'aumône de
l'intelligence et du corps.

Le presbytère appartient au corps de l'édifice.
Son aspect sévère laisse deviner quels en furent les
premiers habitants. Des murs épais, de lourdes
arcatures supportent les voûtes du rez-de-chaussée. Là est la principale porte d'entrée où tant de
riches et d'indigents ont défilé durant plus de
quatre siècles, les uns pour porter leur superflu,
les autres pour recevoir leur pain de chaque jour.
Sous ce porche sombre et rigide, se trouve le puits
de sainte Colette. La tradition raconte qu'il fut
creusé sur l'indication de la sainte fondatrice, et
que son eau délicieuse, la meilleure de toute la
ville, possède la vertu de guérir les maux d'yeux.
Plus loin, jusqu'au boulevard de Coreil, s'étend le
jardin, minime portion taillée dans le vaste enclos
du monastère de l'*Ave-Maria* (1).

____

(1) Pour les notions historiques qui précèdent, voir : Chabrol, *Coutumes*. — *Annales de Sainte-Claire*. — *Chronologie des seigneurs de... Montpensier*. — Archives de la

Les appartements occupés par le clergé de la paroisse ont conservé leur antique et religieuse simplicité. Ils n'ont subi que les modifications nécessitées par leur destination nouvelle.

Nous pouvons, dès maintenant, pénétrer dans la vie intime du presbytère. Elle ne changera plus.

« Vous voyez notre vénéré pasteur, nous disait un jour un homme du monde, ami et compatriote de M. Imberdis, eh bien ! tel il était au Grand-Séminaire, alors que je l'ai connu, il y a plus de cinquante ans. » Pareillement, les années n'apportèrent aucun changement sensible à l'installation du premier jour.

M. Imberdis accepta, pour ses appartements, les réparations proposées par l'administration communale, mais il n'en demanda jamais. Il réservait les embellissements pour la maison de Dieu. La pièce qu'il occupait habituellement, et qui lui servait de salon de réception, avait un modeste mobilier. Une table, couverte d'un tapis de laine, lui servait de bureau. Sur la table, trois objets qui symbolisent et résument la dévotion du prêtre : un Christ, une statue de la Sainte Vierge, un buste du

mairie, de la préfecture. — Tardieu : *Dictionnaire historique du Puy-de-Dôme*, etc.

Souverain-Pontife, celui de Grégoire XVI. Sur la cheminée, une paire de chandeliers en cuivre argenté, et une pendule en métal doré, qui lui avait été offerte par une personne de sa famille, au début de son sacerdoce. Aucun de ces mille riens qui ailleurs encombrent les meubles.

Si parfois une main délicate et reconnaissante en apportait, ils ne faisaient que passer ; on les voyait paraître aux étalages de la première loterie.

Autour de l'appartement, des chaises et des fauteuils en velours rouge gaufré ; sur les murs, quelques gravures religieuses.

Sa bibliothèque, simple meuble en noyer uni, ne renfermait pas d'ouvrages de prix : quelques traités de spiritualité et de théologie, plusieurs vies de saints, des sermonnaires.

Sa chambre à coucher n'était pas plus somptueusement ornée. Deux ou trois chaises ordinaires, une table, un prie-Dieu, un secrétaire, une bibliothèque de livres de piété, le portrait de sa mère peint sur toile en composaient tout l'ameublement.

Dans sa personne aussi bien que dans l'installation de sa maison, M. le Curé d'Aigueperse a été la réalisation vivante des prescriptions du Concile de Trente sur la tenue des ecclésiastiques. « Il convient absolument, dit la sainte assemblée, que les clercs appelés à devenir l'héritage du Seigneur, règlent leur vie et leurs mœurs, leurs gestes, leur démarche, leur conversation et tout le reste de leur conduite, de manière à ne présenter rien qui ne respire la gravité, la retenue et la religion (1). »

Ses vêtements étaient toujours d'une absolue propreté ; seul, aussi bien qu'en compagnie, il n'en déposait jamais le moindre. Il ne se permettait jamais une posture un peu libre. Comme le saint évêque de Genève qu'il avait pris pour modèle, on aurait pu secrètement l'examiner sans le trouver en faute une seule fois, pour l'extérieur respectueux qu'inspire la présence de Dieu et dont il était à toute heure pénétré (2).

Les gens de bonne société se distinguent, dit-on, à la netteté des mains. M. Imberdis en avait de fort belles, longues, blanches, incarnates comme son visage. Il ne faisait usage de gants que dans les visites de condoléance ou de nouvel an. Le plus souvent, en conversation, à l'église, pendant le sermon, il avait les mains jointes ramenées sur la poitrine. Il portait le buste droit, la tête un peu inclinée en avant.

(1) Concil. Trid., sess. XXII, cap. I.
(2) Mlle F. F.

Sa chevelure était magnifique, riche, longue et soignée, blanche comme la neige pendant les vingt dernières années de sa vie. Légèrement bouclée aux extrémités, elle se développait, en large éventail, sur le col de sa soutane.

On aimait, dans la paroisse, à le voir ainsi couronné d'argent. Un jour, le vénérable vieillard confia le soin de ses cheveux à un artiste d'occasion. Le jeune apprenti perdit tout sang-froid et faucha ces fils argentés à pleines mains. Ce fut une pluie de malédictions dans toute la ville, à l'adresse du malheureux perruquier, quand, le dimanche suivant, M. le Curé parut dans l'église ainsi découronné.

Sa démarche, plutôt précipitée que lente, était d'une rare modestie. Le bras gauche ordinairement appliqué sur le cœur, le droit pendant, il ne détournait la tête que pour saluer.

Rarement il s'arrêtait dans la rue pour lier conversation avec les passants. Il ne faisait exception que pour les enfants et les pauvres qui, les uns et les autres, ne manquaient point de se trouver à son passage.

A son approche, les habitants, accoutumés à une parfaite urbanité, prenaient une attitude respectueuse. M. Imberdis se découvrait toujours en saluant et prononçait habituellement ces paroles en s'adressant aux personnes du peuple : Bonjour, mes amis.

Son attitude majestueuse était remarquée. Un jour, il salue le premier un étranger d'une ville voisine. Cet homme, frappé de son maintien noble et digne, demande à un groupe de personnes quel est ce prêtre qui passe.

Il court aussitôt au-devant de M. Imberdis.

« Monsieur le Curé, lui dit-il, on vient de me dire que vous êtes un brave homme... C'est chose rare sous cette robe noire... Veuillez accepter cinquante centimes pour les pauvres. »

Une autre fois, il se rendait, à pied, de Clermont à Montferrand. Un magnifique attelage l'atteint et s'arrête près de lui. Le maître de la voiture descend, lui offre une place et le conduit jusqu'à la porte du Grand-Séminaire. M. Imberdis s'excuse et remercie. L'inconnu répond gracieusement que le général commandant l'artillerie de Clermont a été très heureux de l'accompagner dans ce petit parcours.

L'expression de son visage était la bienveillance, mais une bienveillance mêlée d'autorité et de finesse qui commandaient le respect et la réserve.

Ses traits, constamment calmes, révélaient son égalité d'âme.

Comme à saint François de Sales : « on luy voyait un visage pacifique, doux, grave, et l'on pouvait juger qu'il était dans une parfaite tranquillité (1). »

Contrairement, cependant, à la pensée de quelques personnes, M. Imberdis n'était pas insensible, mais il savait maîtriser intérieurement les mouvements violents de son âme.

Une fois, en présence de M. Faylide, un de ses collaborateurs s'oublia jusqu'à lui dire en face des paroles désobligeantes. M. Faylide leva les yeux sur M. le Curé. Pas un mouvement dans sa physionomie, pas un mot de reproche.

Une personne qui lui était très attachée et dont les rares qualités intellectuelles secondaient puissamment son ministère auprès des jeunes filles de la paroisse, fut, par ses supérieures, appelée à un autre poste qui devait pour toujours l'éloigner de la ville. M. le Curé, au grand étonnement de son entourage, ne manifesta aucun regret. Cependant son cœur de pasteur saignait. « Pour moi, écrivait-il, je ne puis me persuader qu'elle est partie. Je crois toujours la voir sortir... »

Il voyait, dans ce départ, la main de la Provi-

_____

(1) Lettre de Madame de Chantal au Révérend Père Don Jean de saint François.

dence, l'occasion de faire pratiquer l'obéissance et de faire lui-même un sacrifice à la volonté de Dieu, et il disait, avec le calme de la résignation : *Fiat voluntas tua !*

CHAPITRE IX

M. IMBERDIS ET LE PRESBYTÈRE. — SES RAPPORTS
AVEC SES VICAIRES ET AVEC LE MONDE

On peut encore appliquer à M. Imberdis cette autre parole de sainte Chantal sur l'évêque de Genève : *Ami de tous, familier à peu.*

Dans la vie intérieure du presbytère, il gardait avec les personnes de la maison la même réserve qu'avec les étrangers. Il eut, à partir de 1866, trois vicaires, bien qu'il ne fût pas, à cette époque, chargé du service religieux de l'hospice. A ce moment, il était malade ; sa santé ne tarda pas à se rétablir ; il conserva, néanmoins, trois vicaires jusqu'à la fin de ses jours.

« Avez-vous appris, écrivait-il à une personne amie, que Monseigneur a eu l'obligeance de me donner un troisième vicaire ? Je ne le connais pas encore ; tous ceux qui l'ont fréquenté en disent beaucoup de bien. Priez pour que son ministère soit fructueux dans la paroisse. »

M. Imberdis acceptait toujours avec empressement les collaborateurs désignés par l'administration ecclésiastique. Les premiers jours, il se montrait prévenant à l'égard du nouveau vicaire. Il le présentait aux autorités locales et à quelques familles ; il le laissait ensuite, en apparence, voler de ses propres ailes. Mais il écoutait avec satisfaction, quand elles étaient avantageuses, les appréciations des paroissiens sur le nouveau venu ; et, s'il apprenait que l'on eût remarqué quelques défectuosités de langage ou de manières, il ne manquait pas de les signaler à l'intéressé.

On se faisait bien vite aux habitudes du presbytère. L'égalité d'humeur, la constante régularité de vie de M. le Curé rendaient les rapports de la vie commune uniformes et faciles. La largeur de ses idées dissipait toute contrainte, et l'on pouvait, une fois le service paroissial assuré, se livrer à l'étude ou se délasser à l'aise, dans une large sphère.

M. Imberdis parlait avantageusement de ses vicaires et ne se permettait pas, à leur endroit, la moindre plaisanterie. Les exceptions à cette règle étaient toujours charitables et bienveillantes.

Un jour, en présence d'un nouvel acte d'originalité d'un ancien vicaire que l'on commençait à censurer, il dit avec un fin sourire : « Que voulez-vous ? *Singulariter sum ego donec transeam,* » et mit ainsi fin à toute critique.

On peut dire qu'il haïssait les contestations. S'il s'en élevait en sa présence, il s'efforçait de les étouffer. A l'instar du père de famille qui blâme l'aîné ou le plus raisonnable de ses enfants, quand ils se querellent, M. Imberdis se prononçait ordinairement en faveur des faibles, quels que fussent leurs torts.

Deux vicaires eurent, en sa présence, une pénible explication. M. le Curé imposa silence à celui qui se prévalait de son droit. Ce dernier lui manifesta, en particulier, son étonnement de ce qu'il avait pris la défense de son confrère, malgré ses torts évidents. « C'est précisément pour cela qu'il a besoin qu'on prenne sa défense, » dit en souriant M. Imberdis.

Le vicaire fut désarmé.

Les conversations de M. Imberdis avaient un charme inexprimable.

Nul ne les a entendues sans en être frappé. Il faisait peu de gestes, il brillait par sa diction toujours pure et le sel de bon aloi dont il assaisonnait ses récits.

Possédant parfaitement le talent de la narration, il savait prêter un intérêt réel aux moindres choses. La note gaie ne faisait point défaut. Bien qu'il fût d'une gravité constante, il descendait parfois dans le détail de petits riens qu'il rendait charmants.

Doué d'une rare perspicacité, il saisissait vite le côté heureux, favorable ou plaisant que présentaient les personnes et les choses.

Avec quelle grâce et quelle finesse il racontait les excentricités légendaires de M. de La Garenne, aumônier de l'hôpital, à Riom, pendant qu'il était lui-même vicaire à Notre-Dame du Marthuret !

Il avait particulièrement le don de captiver l'attention des enfants et de les émouvoir à son gré.

Dans le salon d'un hôtel, aux Eaux-Bonnes, une mère de famille lui présenta ses deux enfants. Si vous êtes sages, dit-elle, M. l'abbé vous racontera une histoire. Les enfants attendaient avec impatience. M. Imberdis s'exécuta de bonne grâce. Il dit aux enfants l'histoire d'un jeune troupier qui abandonne son régiment pour visiter sa mère malade et s'entend, à son retour au corps, condamner à la peine de mort comme déserteur. Les enfants éclatèrent en sanglots.

Les mêmes traits revenaient de temps en temps ; on les savait par cœur. Néanmoins, il les narrait avec tant d'art qu'on les entendait toujours avec un plaisir nouveau.

M. Imberdis ne s'occupait jamais de travaux manuels ; il ignorait complètement ce genre de récréation. Son délassement ordinaire était la promenade, dans le jardin du presbytère.

Il prenait aussi part, avec ses vicaires, à quelques réunions intimes de familles. Ainsi, chaque dimanche, de la Toussaint au Carême, le clergé de la paroisse passait la soirée chez un honorable médecin du voisinage.

Un petit nombre d'amis seulement étaient invités. Après s'être informé des nouvelles de la famille et avoir adressé une parole bienveillante à chacun, M. le Curé acceptait, avec une satisfaction nullement dissimulée, de s'asseoir à une table de jeu.

Il était, selon l'expression reçue, un bon joueur, la bonne ou la mauvaise fortune le laissait indifférent. L'enjeu était du reste minime. Rarement il gagnait, et ses rares bénéfices passaient dans la main du domestique qui lui présentait son manteau, au départ.

Les rapports de M. Imberdis avec ses confrères étaient toujours empreints d'urbanité et de bienveillance. Rarement il faisait une invitation de pure politesse, selon l'expression adoptée, mais il les recevait souvent à l'occasion des offices funèbres.

Quand les prêtres se présentaient à la cure, en temps opportun, il les invitait à sa table. Sa vieille domestique, qui fut à son service pendant plus de trente ans, n'aimait point ces surprises.

On raconte que M. Imberdis descendait doucement à la porte de la cuisine, annonçait le nombre de couverts supplémentaires à placer sur la table, et regagnait, à grands pas, sa chambre pour ne point entendre les doléances de la fidèle servante.

Les relations sociales de M. Imberdis ne se bornaient point à ses confrères et aux familles de sa paroisse : il accepta, par bienséance, quelques invitations dans les châteaux du voisinage.

A une époque, ses rapports avec le château de Randan devinrent fréquents. Madame Adélaïde aimait à le recevoir. Les habitants d'Aigueperse craignirent, un instant, que la sœur du roi, frappée de la distinction de leur excellent curé, ne le fît nommer à un évêché.

M. Imberdis n'usa de la bienveillance de la princesse que pour attirer son attention sur la chapelle de Saint-Louis. Il y eut un projet de restauration. Il resta lettre morte. La Révolution de 1848 arriva.

L'effervescence, à Aigueperse, ne fut pas moindre qu'ailleurs ; elle fit briller, une fois de plus, le tact et le sang-froid de M. le Curé.

On planta l'arbre de la liberté sur la place de l'église, au milieu du cliquetis des armes, des libations et des cris. Il fut invité à le bénir ; il fit, à cette occasion, un discours et commenta, dans un sens chrétien, la devise du jour : Liberté, Egalité, Fraternité.

La foule, malgré son exaltation, l'écouta en silence.

Au château de la Canière, on recevait aussi M. Imberdis (1).

Il raconte lui-même, dans une lettre, une soirée qu'il y passa avec le célèbre directeur du journal l'*Univers*.

« Hier, je suis allé à la Canière, à sept heures du soir... Mme de Chazelles m'écrit, la veille, pour m'annoncer que Louis Veuillot leur faisait l'amitié de venir passer la soirée avec eux ; elle m'engage à dîner avec lui, j'ai cru devoir me rendre à son invitation, d'autant plus que je tenais beaucoup à connaître cet homme célèbre par son talent et surtout par son ardent dévouement aux bonnes doctrines et à l'Eglise.

» Notre soirée a été des plus intéressantes ; M. Veuillot est au courant de la politique et con-

(1) Le château de la Canière était alors habité par M. Léon de Chazelles dont le fils, M. Etienne, continue les traditions religieuses et bienfaisantes.

naît très bien les hommes de son temps. M. Martha était au nombre des convives, et je crois que la conversation de notre publiciste catholique lui a laissé une heureuse impression (1). »

Avant d'achever ce tableau, il convient de dire un mot des correspondances épistolaires de M. Imberdis.

Chaque fois qu'il se séparait de ses chers paroissiens, il recevait plusieurs lettres. Il répondait toujours.

Comme ses conversations, ses lettres sont simples, dignes, rarement enjouées, toujours édifiantes.

Les plus intimes pourraient être lues sur la place publique sans compromettre le destinataire ni l'auteur. Les compliments sont rares. Les allusions désobligeantes, à l'égard des tiers, toujours absentes. Cependant, il n'oublie personne. C'est la politesse exquise, la prudence froide qu'il apporte dans toutes ses relations. On désirerait quelquefois plus de laisser-aller, plus de phrases, plus de nouvelles..., mais il ne veut sortir de son sujet ni faire de digressions inutiles.

Sans manifester son attachement par des mots, il laisse entrevoir l'affectueux intérêt qu'il porte à ses correspondants.

(1) Lettre à Mme Lagout, 24 septembre 1868.

CHAPITRE X

M. IMBERDIS ÉTABLIT LES FRÈRES DES ÉCOLES CHRÉTIENNES

La ville d'Aigueperse posséda, pendant quelques années seulement, au xvi⁰ siècle, un *collège* fréquenté par les enfants de la ville et des villages circonvoisins.

Pour l'établir, les consuls achetèrent, en 1579, la maison de la veuve Julien Gilhard, située dans le quartier du Bourg. Les habitants des villages voisins cédèrent à la ville les revenus de leurs frairies (1), et Louis de Bourbon, premier duc de

(1) « Les fréries ou frairies, désignées dans un langage plus moderne sous le nom de confréries, représentent la vie religieuse des corporations qui avaient atteint un haut degré

Montpensier, donna trente pieds d'arbre de chêne ; il promit en outre soixante-six écus de rente pour son entretien (1).

Mais bientôt Aigueperse fut en butte à de terribles fléaux qui dépeuplèrent son école ; ce fut d'abord l'horrible peste de 1580 et 1582. Vinrent ensuite les guerres religieuses. Les maisons les plus élevées furent livrées aux flammes par les troupes du duc de Nemours, sous prétexte qu'elles servaient de fortifications ; le collège ne fut pas épargné et sa ruine fut sans retour. 1591 (2).

Longtemps l'instruction des jeunes gens fut laissée à l'initiative privée.

Deux siècles et demi plus tard seulement, Aigueperse vit naître une école qui fut florissante et digne de son ancien et éphémère collège.

M. Imberdis en fut le fondateur.

La Providence, dont il ne se défia jamais, lui vint merveilleusement en aide pour doter de ce bienfait la jeunesse de sa paroisse.

de prospérité dès le XIIIe siècle. » (Bernet-Rollande, *Saint Amable, sa vie.*)

(1) Pierre Culhat, *Chronologie des seigneurs... de Montpensier.*

(2) Pierre Culhat, *Chronologie des seigneurs... de Montpensier.* — Tardieu, *Dictionnaire historique du Puy-de-Dôme.*

Un prêtre zélé lui avait préparé les voies. L'aumônier de l'hospice, M. Jean-Pierre Touzet, avait établi une école et s'était fait instituteur avec M. Brizard.

M. Touzet projetait de fonder une congrégation d'instituteurs religieux qui auraient été formés par lui et envoyés dans les petites paroisses pour instruire chrétiennement les enfants.

Il avait, dans ce but, acquis le terrain où s'élève actuellement la maison des Frères. Déjà la construction où sont les classes touchait à sa fin; il avait aussi jeté les fondements d'une chapelle, lorsque la mort vint le prendre.

Il travaillait lui-même comme un simple manouvrier dans ses chantiers. Un échafaudage mal consolidé s'effondra et l'ensevelit sous les matériaux. La mort ne fut point instantanée. Il vécut encore quinze jours environ après cette déplorable catastrophe; mais, convaincu de sa fin prochaine, il prit ses dernières dispositions relativement à son œuvre. Il légua à Monseigneur Féron son immeuble, les matériaux et les notes à solder, à la condition de payer une redevance de six cents francs à Mlle Touzet, sa sœur (1).

(1) Testament reçu par Me Magnin, notaire à Aigueperse, le 1er juin 1842.

C'était en 1842. Tout en restant propriétaire de l'immeuble, Monseigneur Féron l'abandonna de fait à M. Imberdis, avec la faculté d'achever les constructions commencées et d'y établir des instituteurs religieux.

Les charges étaient lourdes. Outre un passif considérable, les frais de l'acte testamentaire et les droits de succession à payer, il fallait diviser intérieurement et meubler la maison pour les classes.

Pour subvenir à ces premières dépenses indispensables, on aliéna la partie du terrain où l'on construisait la chapelle. Ensuite M. le Curé s'adressa à l'Institut des Frères des Ecoles chrétiennes.

Cinq villes, dans le diocèse, possédaient déjà des écoles dirigées par les disciples du Bienheureux de La Salle : Riom, Clermont, Montferrand, Billom et Thiers. Pendant son vicariat au Marthuret, M. Imberdis avait vu de près à l'œuvre ces maîtres expérimentés, et il voulut leur confier les enfants de sa paroisse.

Les sacrifices ne rebutèrent point son zèle.

Pour faire face à ces nouvelles dépenses, il comptait avec raison sur la générosité de ses paroissiens et aussi sur son patrimoine et les produits de sa cure.

L'installation des Frères eut lieu le 21 novembre de la même année. La satisfaction de la population fut grande. Grande fut aussi la joie du Pasteur. Il y avait cependant pour lui le revers de la médaille : le côté financier.

Après avoir pourvu au mobilier personnel des Frères, meublé les chambres, la salle des exercices et les classes, il restait à payer à la maison des Frères de Clermont, dite Maison-Mère, un droit de six cents francs pour chaque Frère ; ce qui mettait le fondateur de l'œuvre dans la nécessité de se procurer immédiatement la somme de dix-huit cents francs, pour les trois Frères qui devaient former le personnel de la communauté naissante.

M. le Curé n'avait point cette somme à sa disposition. Il songea alors à se défaire d'une magnifique chapelle en vermeil qu'il avait reçue d'une dame de qualité pendant son vicariat. Avant de se dépouiller de ce précieux souvenir des premières années de son sacerdoce, il fut hésitant pendant quelques minutes.

On raconte qu'il ouvrit le livre de l'*Imitation de Jésus-Christ* et lut ces paroles : *Aimez à avoir moins que plus.*

Ce lui fut un trait de lumière. Il partit aussitôt pour Clermont et n'eut pas de peine à faire accepter sa chapelle, en compensation de la somme qu'il ne pouvait payer (1).

Il lui fallut ensuite servir annuellement le traitement des Frères qui s'élevait à la somme de dix-huit cents francs.

Ses ressources s'épuisaient; il méditait en outre d'autres projets pour le bien de sa paroisse.

Quelques années donc après l'ouverture des classes, lorsque la population eut apprécié les services rendus par les Frères, il fit auprès du Maire et du Conseil municipal une démarche pour faire agréer, comme instituteur communal, le Frère Directeur.

A cette fin, il rédigea et, avec le concours d'un chrétien dévoué, prit soin de faire signer par deux cents pères de famille la pétition suivante :

« *A Monsieur le Maire et au Conseil municipal*
de la ville d'Aigueperse.

» Messieurs,

» Les pères de famille et autres habitants de la ville d'Aigueperse, dans leur vive sollicitude pour l'avenir de leurs enfants, s'adressent avec confiance au Conseil municipal chargé des intérêts de

(1) Cette chapelle se trouve au pensionnat des Frères, à Clermont.

tous, pour lui demander qu'il lui plaise de faire choix d'un instituteur réunissant les qualités nécessaires pour travailler utilement à l'éducation de la jeunesse.

» Les soussignés verraient avec la plus grande satisfaction le Conseil donner le titre d'instituteur communal à celui qui, depuis plusieurs années, en remplit si dignement les fonctions.

» Le Frère Helloin, directeur des Ecoles chrétiennes et membre de l'Université par son brevet, a fait ses preuves dans cette ville; ses leçons et ses exemples ont déjà produit parmi la jeunesse d'heureux résultats, il a su par son zèle et sa douceur mériter la confiance de tous les pères de famille, aussi bien que le respect et l'affection de ses élèves; c'est le témoignage que lui a rendu M. le Maire dans une circonstance publique et solennelle; il a donc le droit, plus que tout autre, à notre estime et à notre sympathie.

» En adoptant donc le digne instituteur que nous désignons à votre choix, Messieurs, vous satisfaites le vœu général des habitants de cette ville, vous offrez à vos concitoyens les plus sûres garanties pour le bonheur à venir de leurs enfants, vous entrez aussi dans les vues du Roi et du gouvernement qui protègent l'Institut des Frères comme le plus approprié aux besoins du jeune âge et qui voient avec satisfaction presque toutes les villes du royaume leur confier la jeunesse et les reconnaître pour instituteurs communaux.

» Nous espérons, Messieurs, de votre zèle et de votre amour pour le bien public, que vous ne rejetterez pas notre juste demande, nous avons trop de confiance dans vos lumières et dans vos bonnes dispositions à servir vos administrés en tout ce qui peut contribuer à leur bonheur et à la prospérité de notre ville. »

Le Maire n'avait pas les bonnes intentions qu'on lui supposait.

Nous n'avons pas à dire où il puisait ses inspirations.

A cette époque, les représentants du pouvoir semblaient redouter les influences religieuses qu'ils désignaient sous le nom de *Jésuitisme*.

Le premier magistrat de la commune, honorable citoyen du reste, et qui plus tard sut reconnaître ses torts, se mit en devoir de protester publiquement et en personne. Il lut, au son du tambour, dans toute la ville, et afficha à l'hôtel-de-ville une proclamation où il était question de *Jésuites à robe courte* qu'on ne voulait pas.

Les têtes s'échauffèrent. M. le Curé garda son habituel sang-froid.

» Entendez-vous ce tambour, vint lui dire avec émotion l'honorable paroissien chargé de faire circuler la pétition, c'est contre vous... c'est contre la pétition... c'est contre moi... — Mon cher ami, répondit doucement M. Imberdis, calmez-vous, je vous prie... Donnez-moi votre main... Mettez-la sur mon cœur et vous verrez s'il bat plus vite que d'habitude. »

Toutefois, M. le Curé jugea sagement qu'une lutte ouverte à ce moment serait nuisible à la Religion et peut-être sans profit pour son œuvre, il attendit un temps plus opportun.

Trois ans plus tard arriva le temps opportun, avec la Révolution de 1848.

La nouvelle municipalité, qui avait à sa tête M. Delarbre, accepta le Frère Helloin, premier directeur de la communauté, comme instituteur communal.

M. le Curé, les paroissiens aisés, les familles dont les enfants fréquentaient l'école firent le traitement des deux autres Frères jusqu'en 1865.

Pendant cet intervalle, Monseigneur Féron proposa de donner à la commune la propriété de la maison.

« Je suis toujours, écrivait-il à M. le Curé, dans les dispositions que je vous ai manifestées, à l'époque de votre dernier voyage à Clermont ; et cette lettre a pour but d'en donner l'assurance positive à M. le Maire d'Aigueperse, auquel vous voudrez bien la communiquer : mon projet est de donner à la commune d'Aigueperse l'établissement qu'occupent en ce moment les Frères des Ecoles chrétiennes, mais à la condition expresse que cet établissement sera à perpétuité employé par elle à l'instruction chrétienne de la jeunesse et que l'on ne pourra y recevoir que des instituteurs approuvés par l'Evêque du diocèse (1). »

Le Conseil municipal, présidé par M. Magnin-Létan, n'accepta pas l'offre de Monseigneur Féron.

« Considérant, disait la délibération, que si la ville n'a eu qu'à se louer de la décision qui a remis l'instruction primaire aux mains des Frères de la Doctrine chrétienne, cependant, il serait imprudent d'engager l'avenir en promettant de les conserver toujours,

» Que l'assemblée actuelle, en agissant ainsi, empiéterait sur les droits des assemblées futures,

» Que la condition de n'avoir qu'un instituteur approuvé par l'Evêque de Clermont pourrait devenir une occasion de conflit entre les pouvoirs,

(1) A M. Imber tis, curé d'Aigueperse, le 25 août 1836.

» Délibère que l'offre faite par Monseigneur l'Evêque de donner à la ville la maison d'école aux conditions stipulées dans sa lettre est refusée (1). »

Les conditions stipulées par Monseigneur Féron ne furent acceptées par la municipalité qu'en 1866.

M. le Curé avait entretenu les Frères pendant près d'un quart de siècle.

Le très honoré Frère Philippe, supérieur général de l'Ordre, reconnaissant et appréciant tout le dévouement dont le digne Pasteur de la paroisse avait fait preuve, lui adressa une lettre d'affiliation à son Institut.

M. le Curé était heureux et fier de son œuvre. Le succès de l'établissement dépassait ses espérances. Tous les enfants de la paroisse fréquentaient l'école ; il en venait un grand nombre des paroisses voisines. Cette fondation fut un bienfait pour tout le canton d'Aigueperse.

Sous la direction du regretté Frère Girardus, la prospérité de la maison fut portée à son apogée.

Ce bon religieux, par sa piété exemplaire, son aménité, son tact exquis dans ses rapports avec les autorités, les familles et le clergé de la paroisse, se concilia l'estime et l'affection univer-

(1) Délibération du 2 novembre 1856.

selles. Il ne voulut jamais se séparer de ses enfants d'Aigueperse.

L'Institut lui donnait des collaborateurs intelligents. Le succès des élèves de l'école, dans les différentes carrières, était remarqué. Excellente partout, l'instruction donnée par les disciples du Bienheureux de La Salle revêtait à Aigueperse un caractère spécial d'affectueuse paternité, en parfaite harmonie avec la première formation commencée dans la famille.

Quel est l'élève du cher Frère Pardoux qui oubliera jamais ce pieux religieux? Chargé de la petite classe, il apporta, dans cette ingrate et pénible fonction, tant de talent et de bonhomie à la fois, qu'il gagna réellement, avec l'attachement des enfants, la reconnaissance de la ville entière.

Aussi, lorsque ses forces furent épuisées, la municipalité, par une délicatesse bien digne d'éloges, obtint du Supérieur Général qu'il ne fût pas appelé à la maison de retraite; on lui alloua, sur le budget communal, une rente viagère, afin de lui permettre de finir ses jours au milieu de ses anciens élèves.

M. le Curé n'était pas étranger à la bonne tenue et au succès de l'école. Par une constante sollicitude, il encourageait le zèle des maîtres et la bonne volonté des enfants.

Il aimait à les visiter.

A cette époque, le législateur français n'avait pas encore trouvé que la visite des écoles publiques par le Pasteur de la paroisse portât atteinte à la liberté de conscience ; les enfants ne le soupçonnaient point. Aussi manifestaient-ils joyeusement leur contentement quand ils voyaient arriver M. le Curé au milieu d'eux.

« Quand il recevait la visite de quelques confrères, a écrit le Frère Girardus, il ne manquait pas de leur dire avec ce sourire qui lui était naturel et qui dépeignait si bien l'aménité de son caractère : « Venez avec moi et je vous montrerai la maison de nos bons Frères. »

» Combien de fois ne l'a-t-on pas entendu dire aux visiteurs de son œuvre : J'ai bien quelques raisons de nommer les Frères : *Mes très chers Frères.* J'ai dépensé pour eux, dans cette maison, plus de la moitié de ma fortune ; je suis bien loin de m'en repentir.

» Bien souvent nous l'avons entendu dire, dans ces moments de laisser-aller qui lui étaient familiers : Le plus beau temps de ma vie, celui où j'ai vieilli sans m'en apercevoir, c'est l'époque où j'étais chargé de payer les Frères : un trimestre n'était pas sitôt soldé que le suivant était là... Hélas ! très souvent je n'avais pas le sou ! C'est égal, la Providence est toujours venue à temps à mon secours (1). »

(1) Ce chapitre a été rédigé, en grande partie, d'après les notes fournies par le cher Frère Girardus, ancien directeur, et Mmes S. S.-J., F.-F. et M.

CHAPITRE XI

M. IMBERDIS ÉTABLIT LA COMMUNAUTÉ
DE LA MISÉRICORDE

Au milieu du xviie siècle, l'instruction des jeunes filles de la ville d'Aigueperse fut confiée aux religieuses Ursulines.

Le monastère des Ursulines, qui sert aujourd'hui d'hôtel de ville, fut fondé, en 1650 (1), sous les auspices d'Anne-Marie-Louise d'Orléans, plus connue sous le nom de la *Grande Mademoiselle*.

La ville céda, à cette fin, l'emplacement et les débris de l'ancien collège ruiné par les ligueurs. Cet établissement coûta 13,050 livres. M. Louis Landet, curé de Notre-Dame d'Aigueperse, fit

(1) Chabrol : *Coutumes*. — Pierre Culhat : *Chronologie*. — Tardieu : *Dict. hist.*

venir plusieurs religieuses du monastère de Clermont. Elles arrivèrent le 28 novembre 1650, sous la conduite de la Mère Angélique Vacher, dite de Jésus.

Elles eurent d'abord peine à subsister ; mais, grâce à l'intervention de Mademoiselle d'Orléans, deux ans plus tard, elles furent autorisées par la ville à acquérir un revenu de deux mille livres.

Le monastère se recruta en partie dans la ville et les environs. Plusieurs jeunes filles des meilleures familles revêtirent l'habit et se soumirent à la règle de sainte Angèle.

La chapelle était desservie par un aumônier.

La Révolution, là aussi, fit son œuvre néfaste.

L'aumônier, après avoir prêté serment, fut, pendant quelque temps, curé constitutionnel de Saint-Pourçain, et foula ensuite totalement aux pieds les engagements de son ordination.

Les religieuses furent dispersées. Mais, en les dispersant, les révolutionnaires donnèrent, sans s'en douter, d'excellentes institutrices aux enfants du peuple.

Plusieurs de ces pieuses filles, ainsi que quelques Clarisses, fixèrent leur résidence dans la ville et continuèrent, autant qu'elles le pouvaient, au milieu du monde, à garder l'observance. Quelques-unes furent recueillies par leur famille, d'autres, réduites à l'indigence, demandèrent leur subsistance au travail et à la charité publique. La plupart ouvrirent, dans leur quartier respectif, de petites écoles et, pendant plus d'un quart de siècle, instruisirent les jeunes filles de la paroisse.

Mais, à la fin, leurs rangs s'éclaircissaient et l'on voyait arriver le moment où toutes les jeunes filles de la classe indigente allaient être privées d'instruction chrétienne. Deux écoles, ouvertes par des institutrices n'admettaient que les enfants dont les parents pouvaient payer une rétribution.

Un prêtre industrieux et zélé, M. Pireyre, vicaire de la paroisse (1), conçut le généreux projet de combler cette lacune, en suscitant aux enfants pauvres des institutrices de bonne volonté.

Grâce aux conseils et au concours de Mlle Voyret, vénérable septuagénaire qui avait passé sa longue carrière dans la pratique des bonnes œuvres, il organisa une école gratuite (2).

Mlle Georgette Degeorge se mit à la tête. Mlle Voy-

---

(1) M. Pireyre était natif de Courpière. Il fut curé de Cellule, bâtit le presbytère de cette paroisse et mourut pauvre, retiré à Clermont.

(2) Mlles Matron, Panchaud, et Brun tenaient chacune une école payante.

ret, quelques dames âgées et plusieurs jeunes personnes des meilleures familles voulurent participer à cette œuvre de dévouement. Une pieuse veuve, Mme Magnin, mit une vaste salle à leur disposition. On se distribua les leçons et les jours, de façon que le tour de chaque dame n'arriva qu'une fois par semaine. La directrice, Mlle Degeorge, s'engagea à une assistance quotidienne.

Ainsi se trouvait régulièrement rétabli, par le zèle d'un prêtre et le dévouement de personnes pieuses, l'enseignement populaire ruiné par la Révolution.

De longues années s'écoulèrent. Les institutrices auxiliaires et les élèves se succédaient à l'école. Les jeunes filles prenaient la place de leurs mères. Toujours actif et persévérant fut le zèle de la directrice. Elle ne se déchargea de ce pénible fardeau qu'au moment où il fut trop lourd pour ses forces épuisées.

Alors, deux de ses collaboratrices, jeunes, pieuses, vaillantes, dont l'intelligence égalait la bonne volonté, s'offrirent pour continuer son œuvre. C'étaient Mlles Antonie Boudal et Mariette Brisard.

Mlle Boudal acheta une maison qui faisait partie du vaste couvent des Clarisses. Elle s'y installa avec Mlle Brisard et plusieurs de leurs élèves, auxquelles elles avaient su inspirer leur dévouement. Elles firent la classe non seulement aux jeunes filles peu fortunées, mais à toutes celles qui se présentèrent. Il s'en présenta environ deux cents. Les élèves furent divisées en quatre classes. Les trois dernières étaient gratuites. Seules, les enfants de la bourgeoisie, qui composaient la première classe, donnaient une modique rétribution mensuelle.

Les pieuses institutrices cultivaient l'intelligence et le cœur de leurs élèves et, à l'instar des maîtresses congréganistes, elles pratiquaient elles-mêmes, sans en avoir fait le vœu, les vertus de la vie religieuse.

A son arrivée à la tête de la paroisse de Notre-Dame d'Aigueperse, M. Imberdis n'eut qu'à louer leur zèle.

Cependant, il jugea que cette institution si florissante aurait plus de stabilité sous la direction d'une congrégation religieuse. C'est pourquoi, dès qu'il eut établi les Frères, il résolut de fonder une communauté. Il engagea Mlle Boudal et ses compagnes à suivre l'attrait qui les portait à la vie religieuse, et à solliciter leur admission dans la congrégation des Dames de la Miséricorde.

Fondée à Billom, par M. Claude Mestre, canoniquement érigée par Mgr de Dampierre, et léga-

lement reconnue par décret impérial (1), la congrégation des Dames de la Miséricorde comptait
alors plusieurs communautés dans le diocèse de
Clermont. L'éducation donnée aux jeunes filles par
ses membres était fort appréciée des familles chrétiennes et du premier pasteur, Monseigneur Féron.

M. Imberdis obtint d'abord trois religieuses.

Elles arrivèrent au mois de novembre 1845.

La Supérieure était Mère Clotilde de Martillat,
femme d'une piété et d'une éducation remarquables.

Dès le premier jour, se révéla pour les Sœurs
la bonté de M. Imberdis par un trait dont la communauté garde le souvenir.

A cette époque, les chemins de fer n'existaient
pas en Auvergne ; la voiture publique qui amenait
les fondatrices à leur poste ayant eu du retard,
celles-ci ne purent arriver qu'à une heure très
avancée de la nuit, M. le Curé, inquiet, craignant
quelque malheur, ne s'était point décidé à prendre
du repos. Il était demeuré, veillant et priant, en
attendant l'arrivée des messageries. A peine la
petite colonie, conduite par la Mère générale,
Marceline de Chamerlat, a-t-elle agité la sonnette
de la porte de Mlle Boudal, que M. le Curé se pré-

(1) Du 14 décembre 1810.

sente pour souhaiter la bienvenue à ses pieuses auxiliatrices et s'informer si quelque accident n'avait pas causé le retard de la diligence.

Mlle Boudal donna à la congrégation de la Miséricorde sa maison et le mobilier qui s'y trouvait. Six mois encore, elle continua, avec Mlle Brisard et les Sœurs, à faire la classe ; ensuite, les deux pieuses filles entrèrent au noviciat de Billom (1).

Cependant, les élèves affluaient. Le nombre des maîtresses fut doublé. Bientôt la communauté se trouva trop à l'étroit. Elle s'agrandit par l'acquisition de la maison Auclair, en 1852. En cette circonstance, la Providence vint encore en aide au pieux fondateur : Mlles Dulin-Lamothe contribuèrent généreusement aux frais de cet agrandissement indispensable.

Jusqu'à la fin de sa vie, M. Imberdis fut de tout cœur dévoué aux écoles chrétiennes qu'il avait fondées.

Pour les soutenir et les rendre florissantes, son temps, son patrimoine, les ressources que lui procurait sa cure, tout fut mis à contribution. Il se montrait assidu à les visiter, et, pour encourager

(1) Mlle Boudal, en religion Sœur Marie-Antonie, est morte en 1881, chargée d'années et de mérites, après avoir dépensé pour les enfants sa fortune et sa vie. Mlle Brisard l'avait précédée dans la tombe.

les familles, les élèves, les maîtres et les maîtresses, il faisait appel à toutes les industries que lui dictait son cœur éminemment sacerdotal.

Nous empruntons à un témoin oculaire le gracieux tableau de sa paternelle sollicitude.

« Qu'il était joyeux de venir, chaque année, peu après la rentrée, bénir toutes les élèves présentes. Ensuite, c'était la messe du Saint-Esprit qu'il aimait à célébrer lui-même, car son cœur de pasteur et de père avait le besoin d'encourager ses chères enfants, par quelques mots spécialement improvisés pour elles. Puis, c'étaient les examens semestriels auxquels il se faisait un plaisir d'assister, questionnant lui-même, avec bonté, les élèves, s'assurant de leurs progrès, qu'il ne manquait point d'encourager, et reprenant avec une paternelle fermeté toutes celles qui s'étaient laissées aller à la paresse ou à l'étourderie.

» Bien indulgent pour les petites fautes, M. Imberdis se montrait sévère pour les défauts. Il ne pardonnait un manque de respect, de soumission à l'autorité qu'après que la jeune coupable avait donné de sérieuses preuves de repentir et s'était humiliée.

» Ses recommandations les plus habituelles et les plus pressantes portaient sur l'obéissance, la charité, le bon esprit. Très affable, bien qu'il fût d'une grande dignité, M. le Curé se laissait facilement approcher par les plus petites enfants qu'il bénissait avec effusion, à l'exemple du Maître, les marquant au front du signe de la croix et se rappelant, sans doute, ces belles paroles de Jésus : « Laissez venir à moi les petits enfants. »

» De temps en temps, avec une simplicité touchante, il leur distribuait de petites friandises, bonbons, dragées, etc..., qu'il sortait solennellement de la grande poche de sa soutane, tandis que les frais sourires couraient sur les lèvres de toutes ces heureuses enfants.

» Si le bon pasteur eût pu avoir quelques prédilections, c'eût été pour les petites élèves de la classe gratuite. Ce sont vos sœurs, disait-il aux enfants des classes payantes, et nous les aimons beaucoup.

» A l'égard des grandes élèves, M. le Curé était père par excellence ; à elles, s'adressaient ses meilleurs conseils, ses plus touchants avis. Jusqu'à la fin, la mémoire du digne prêtre demeura ornée de jolis morceaux de poésie qu'il avait appris ou faits lui-même dans sa jeunesse. Quelquefois, il prenait plaisir à en faire la déclamation devant ce jeune auditoire, faisant remarquer et saisir à propos, soit les avantages, soit les charmes d'une belle et saine littérature. Il conseillait souvent d'apprendre le *Poème de la Religion,* par Louis Racine, disant que les beaux vers, sortis de la plume de ce poète, seraient à toutes comme une consolation et un encouragement aux heures de la tristesse.

» A la fin de chaque année scolaire, M. le Curé daignait offrir les prix de bonne conduite. Combien sa générosité se montrait délicate dans le choix qu'il faisait lui-même de ces chères récompenses ! Flattées de les obtenir, les élèves rivalisaient, entre elles, de sagesse, de travail ; et les familles demeuraient tout honorées et bien reconnaissantes de ce témoignage de bienveillance de leur vénéré pasteur.

» Rien de ce qui concernait l'école, le petit pensionnat, n'échappait à la sollicitude du saint prêtre.

» Un jour, les élèves fêtaient leur patron, saint Louis de Gonzague ; elles étaient allées, avec leurs maîtresses, faire une longue promenade en voiture. Surprise, en pleine campagne, par un violent orage, la petite caravane n'avait pu, avant l'heure réglementaire, regagner l'asile béni. Celles des religieuses que la sainte Obéissance avait laissées gardiennes de la maison, attendaient, anxieuses, le retour de leurs Sœurs et de leurs élèves ; mais aussi inquiet, sinon plus, demeurait le cœur du saint Pasteur. Allant et venant dans sa chambre, M. le Curé priait avec ferveur pour que Dieu préservât d'accident sa petite famille religieuse. Tout à coup, celle-ci apparaissant : Ne vous est-il rien arrivé de fâcheux ? dit le vénérable père. Je n'ai pu aller prendre mon repos avant de vous savoir toutes rentrées. Quel intérêt plus touchant ! A l'infini, on pourrait varier les citations de ce genre.

» C'était dans les premières années de leur établissement à Aigueperse, les Sœurs et les élèves durent subir, un jour, les suites d'une affreuse inondation. Une trombe s'étant abattue sur le quartier de la ville où est située la communauté, toute la petite cour et le rez-de-chaussée de la maison furent envahis en un instant. La classe occupée par les plus jeunes enfants de l'école fut subitement transformée comme en un lac. Eperdues, maîtresses et élèves de pousser des cris désespérés. Les plus petites filles étaient dans l'eau jusqu'aux genoux... Soudain, apparaît M. le Curé, suivi de ses deux vicaires, ils reçoivent des mains des religieuses les pauvres petites enfants, jusqu'à la dernière, et elles étaient soixante-quinze ; les opérations se répétèrent, laissant M. le Curé et ses auxiliaires mouillés jusqu'aux os (1).

____

(1) M. le Curé et ses vicaires portèrent ensuite secours aux habitants du Bas-de-Ville, également en danger. On

» Mais si, en tout temps, M. le Curé témoigna une sincère et profonde affection à la communauté qu'il avait établie dans sa paroisse et aux jeunes filles qui y recevaient le bienfait d'une éducation chrétienne, il semble qu'à la fin de ses jours ce sentiment prît une nouvelle intensité. Ce qui le prouve, c'est l'assiduité redoublée avec laquelle il visitait toutes les élèves dans leurs classes respectives, leur adressait de bienveillantes paroles et les comblait de ses bienfaits. Une chose surtout excitait l'étonnement et l'admiration de tous. C'était la bonté avec laquelle il se montrait simple pour arriver plus sûrement à leur jeune cœur. Que de fois on l'a vu user d'une condescendance admirable à l'égard des petites enfants attardées qui, n'étant pas là pour la rentrée, attendaient impatientes que la porte se rouvrît. S'il les apercevait de l'une des fenêtres du presbytère ou en sortant dans la ville, il s'empressait de revenir sur ses pas ou de redescendre le grand escalier de la maison pour faciliter aux petites retardataires l'entrée de l'école. Il profitait de ces circonstances pour leur recommander l'exactitude, puis il les bénissait.

n'eut à déplorer aucun accident de personne. Notre-Dame de Bon-Secours veille sur ce quartier.

» Allons, mes enfants, disait-il, soyez bien sages, bien obéissantes à vos maîtresses. Aimez bien le bon Dieu (1). »

La sollicitude de M. le Curé pour les religieuses n'était pas moins paternelle que pour les élèves.

Ecoutons encore le témoin déjà cité :

« Ayant gardé jusqu'à la vieillesse l'habitude de venir passer, une fois chaque quinzaine, une de ses récréations de l'après-midi ou du soir à la communauté, il tenait toutes les religieuses sous le charme de sa parole tour à tour vive, imagée, douce, bienveillante ou comique.

» Que de bonnes heures de délassement il nous a fait passer, disent encore, à l'unisson, toutes celles des Sœurs de la Miséricorde qui ont eu l'avantage d'être placées à Aigueperse !

» Et non seulement M. le Curé était spirituel et gai, mais encore bien sympathique. Ainsi, après avoir réjoui un peu la communauté, il prenait des nouvelles de chacune des religieuses, s'informant de ce qui concernait leurs familles, surtout s'il savait qu'il y eût quelqu'un de malade.

» Puis, il aimait qu'on lui parlât des élèves, de leur sagesse, de leur application, de leurs petits succès. Jamais ces charmantes heures de récréa-

(1) S. S. J.

tions ne s'écoulaient, sans que M. le Curé ne glissât quelques mots d'édification, pour le profit spirituel de celles qu'il avait si agréablement entretenues. Sa parole finale était toujours comme une aimable réminiscence des divers sujets qui avaient servi d'aliment à la conversation. Elevée, quoique simple, mais surtout profondément religieuse, cette parole demeurait dans tous les cœurs comme un bouquet spirituel que ne manquait jamais de sanctionner la bénédiction du vénérable prêtre (1). »

(1) S. S. J.

CHAPITRE XII

M. IMBERDIS ET LES ŒUVRES DE ZÈLE POUR LA JEUNESSE

A cette jeunesse formée si délicatement à la vie chrétienne, par les Frères et les Religieuses, le sage pasteur prit soin de donner des moyens de persévérance, après la sortie de l'école.

A cet âge où les passions de l'âme s'annoncent plus vives, les élans du cœur plus généreux, les occasions plus dangereuses, il faut un dérivatif pour donner libre cours à cette exubérance de vitalité. A la vertu naissante, inexpérimentée, il faut un préservatif contre les séductions du monde, des secours surnaturels pour l'entretenir dans sa candide fraîcheur.

M. Imberdis trouva ce double remède préservatif et tonique, pour ainsi dire, dans ces pieuses institutions, inspirées par le Saint-Esprit et mises en œuvre par les saints : les Congrégations des Enfants de Marie.

La Congrégation des Enfants de Marie des filles fut établie par M. Brun, vicaire général, le 8 septembre 1854, jour de la bénédiction des nouvelles cloches.

Trente-quatre jeunes filles, choisies parmi les plus ferventes, dans toutes les classes de la société, furent admises à faire leur consécration solennelle à la Reine des Vierges.

Le Conseil de la petite Association fut organisé le même jour. Mme Clotilde de Martillat, supérieure du couvent, fut nommée directrice, et Mlle Annette Dulin, présidente.

La vénérée présidente est restée à la tête de sa petite famille jusqu'à la fin de sa vie, toute dévouée aux jeunes congréganistes, se conciliant, par sa douce fermeté, leur constante et affectueuse estime.

Dès lors, les Enfants de Marie se réunirent deux fois par mois. M. le Curé leur faisait une courte instruction. C'était le cœur du père qui parlait.

« Il faut avoir entendu ces petits discours des premières années, nous écrit-on, pour pouvoir en redire les charmes et l'heureux à-propos (1). »

(1) Mlle F. F.

Les règlements furent ponctuellement observés, les sacrements fréquentés, les assemblées dangereuses évitées.

La paroisse entière fut édifiée de la régularité exemplaire des premières congréganistes, et ce fut une faveur enviée de faire partie de la Congrégation.

Le cœur du Pasteur surabondait de joie. Il comptait beaucoup sur cette troupe d'élite pour le bien spirituel de ses ouailles.

« Non, vraiment, écrivait-il, la foi ne peut se perdre dans une paroisse où la Sainte Vierge compte tant d'âmes dévouées. J'ai recommandé beaucoup à ces nombreuses associées de contribuer à raviver la piété dans le cœur des indifférents, et je leur ai rappelé que cette qualité de membre de la Congrégation les obligeait à exercer une espèce d'apostolat auprès de leurs parents. »

Rien ne fut négligé pour maintenir, parmi les jeunes personnes, la ferveur et l'union des premiers jours et les attacher à la Congrégation.

Des retraites annuelles préparatoires à la fête patronale de la pieuse Confrérie, la fête de l'Immaculée-Conception, furent données par des prédicateurs étrangers à la paroisse. La première, par le Père Barelle, de la Compagnie de Jésus. Ce furent, plus tard, M. Mourlon, chanoine de Moulins, les Révérends Pères Ducourneau, mariste ; Aigueperse, lazariste ; Billet, rédemptoriste, etc...

Le Pasteur eût été heureux de faire les frais de ces pieux exercices, mais les âmes généreuses qui partageaient son zèle pour la sanctification de la jeunesse, ne lui laissaient que la seule satisfaction de donner l'hospitalité au prédicateur.

Aux exercices spirituels s'ajoutaient d'innocentes et utiles récréations. A certains jours de l'année, pendant que le monde s'adonne, avec plus d'entraînement, à ses amusements frivoles, les Enfants de Marie de la paroisse d'Aigueperse se livraient à des interprétations littéraires, où se révélaient à la fois et l'intelligence des jeunes actrices et le talent des maîtresses qui les avaient formées.

Les tragédies de nos grands maîtres ne les décourageaient pas. *Esther, Athalie,* etc.... ont été jouées sur leur petit théâtre avec aisance et succès.

M. le Curé voulut aussi former à la pratique des bonnes œuvres les jeunes congréganistes et utiliser, en faveur des pauvres, leur bonne volonté.

« Quelque temps après l'établissement de la Congrégation, M. Imberdis sut organiser un atelier de charité, où, un jour par semaine, les

Enfants de Marie allèrent travailler à vêtir les membres souffrants de Jésus-Christ.

» Il y eut bien quelques difficultés à cette innovation, mais on ne pouvait rien refuser au saint Pasteur. La Vice-Présidente mit ses appartements à la disposition de toutes et bientôt l'œuvre fonctionna régulièrement (1). »

Les Enfants de Marie ne manifestèrent pas moins d'entrain, d'intelligence et de zèle pour dresser, chaque année, au mois de mai, un trône à leur auguste patronne. C'était, pour ainsi dire, travailler pour la famille : leur activité ne connut ni la fatigue, ni l'ennui.

Une fois les plans du monument choisis : « Faites, disait M. le Curé, et que les dépenses ne vous arrêtent point. » On intéressait tout le monde à la pieuse entreprise. Toutes les fournitures étaient faites par le commerce local. On se réunissait dans un vaste atelier. Les travaux étaient distribués, et, pendant quinze jours ou trois semaines, on s'y livrait avec l'ardeur et la franche gaîté du jeune âge.

Au jour de l'ouverture du mois de Marie, des centaines de lumières serpentaient gracieusement, en tous sens, sous les voûtes majestueuses de Notre-

(1) Mlle F. F.

Dame d'Aigueperse. La statue de Marie apparaissait sous un élégant portique, au milieu d'une forêt de colonnes et de flèches plus blanches que la neige. Chaque soir, l'assistance était nombreuse. La beauté, la variété des chants ne le cédaient point à l'élégance des décorations.

L'établissement du chœur des chanteuses avait précédé la fondation de la Congrégation des Enfants de Marie.

Dans la suite, il se recruta presque exclusivement parmi les congréganistes.

Dirigé par un vicaire, puissamment encouragé par M. le Curé, le chœur des chanteuses d'Aigueperse s'est acquis une juste renommée qui ne permet pas de le passer sous silence. Il se trouva successivement, parmi les jeunes filles de la Ville, des artistes pour tenir l'harmonium et former leurs compagnes à rendre, avec facilité, les partitions les plus belles de nos compositeurs religieux.

Aussi, aux jours de grandes fêtes, l'église était comble. Des hommes, notamment connus pour leur indifférence religieuse, venaient aux offices pour entendre les chants.

Les voûtes antiques de Notre-Dame du Port ont entendu ces voix mélodieuses qui, dans ces circonstances, ont mérité les éloges des feuilles publiques locales.

Souvent, M. Imberdis conduisait les Enfants de Marie de sa paroisse en pèlerinage à Notre-Dame du Port. Il se plaisait à faire les frais de ce voyage pour plusieurs, et, pour toutes, du repas qui suivait la messe de communion.

« Comme toutes ces jeunes personnes revenaient enchantées ! Elles n'avaient qu'une voix pour bénir leur bien-aimé père (1). »

Que de prières ardentes, en ces jours de pieux et gai voyage, montaient vers le ciel pour le généreux directeur de la Congrégation, animé d'une si grande bonté pour ses chères Enfants de Marie !

Grande fut aussi la sollicitude de M. Imberdis pour la sanctification et la persévérance religieuse des jeunes gens de sa paroisse.

Pour leur faciliter l'assistance aux offices, il mit gratuitement à leur disposition une place d'honneur.

Les élèves des Frères furent placés, les plus jeunes dans les bas-côtés, autour du sanctuaire, les plus grands, dans le chœur, près des chantres. Il ne voulut jamais céder aux conseils de quelques organisateurs improvisés, qui lui proposaient de reléguer ces derniers dans une chapelle, ou derrière le maître-autel. Son désir était de voir ces

(1) Sœur Symphorien.

enfants prendre part aux chants liturgiques, et sa majestueuse figure rayonnait de satisfaction quand il entendait ces voix argentines s'élever au-dessus de la voix des chantres et des éclats sonores de l'ophicléide et du baryton.

Grâce à la ponctualité qui règne dans les maisons dirigées par des religieux, habitués qu'ils sont à obéir au son de la cloche, ces petits jeunes gens étaient à leur place quelques minutes avant le commencement des offices, silencieux, alignés comme des militaires.

M. Imberdis, après l'aspersion, pendant que le célébrant prenait à la sacristie les ornements, adressait, de sa stalle, quelques paroles à ces enfants. C'était un petit cours suivi d'explications sur le saint sacrifice de la messe, les cérémonies, les prières liturgiques, les sacramentaux, etc...

Enfants et fidèles se tournaient vers le pieux Pasteur et ne perdaient pas une syllabe de cette instruction de deux minutes.

Tant que les enfants fréquentaient l'école chrétienne, M. le Curé restait sans inquiétude ; la vigilance des bons Frères secondait efficacement son zèle, pour faire régner la piété dans leur jeune cœur ; mais il fallait, par une œuvre de zèle, assurer leur avenir religieux, après qu'ils avaient quitté les Frères. A cette fin, il établit la Congrégation des Enfants de Marie des jeunes gens, à l'instar de celle des jeunes filles, sous le vocable de l'Immaculée-Conception.

« Pendant plusieurs années, M. le Curé se montra le directeur zélé de la Congrégation. C'était lui-même qui présidait les réunions des jeunes gens, lui-même qui les admettait au nombre des congréganistes (1). »

Plus tard, par suite de fatigues, il dut confier le soin de l'œuvre à l'un de ses vicaires. M. l'abbé de Laval, dont le dévouement à la jeunesse rivalisait avec celui de M. le Curé, en fut chargé pendant plusieurs années.

M. le Curé, néanmoins, lorsque l'état de sa santé et ses occupations le lui permettaient, assistait, dans la chapelle des Frères, à la cérémonie de réception des nouveaux congréganistes et leur disait quelques paroles d'encouragement.

« Parfois aussi, profitant de la circonstance, il leur adressait des reproches sur leur légèreté et leur tenue dans le lieu saint. Mais ces reproches étaient faits avec tant de bonté et de paternité que les coupables étaient fâchés d'avoir, par leur conduite, fait de la peine à M. le Curé (2). »

(1) Frère Girardus.
(2)   Id.

Le clergé de la paroisse trouvait, pour la direction de cette œuvre de jeunes gens, le concours le plus constamment dévoué dans le zèle du cher et regretté Frère Girardus. Ce pieux religieux, avec une aménité inoubliable, donnait son expérience et son temps, et cédait, pour les réunions du petit patronage, les appartements de l'établissement. Ses longues années d'enseignement, presque uniquement consacrées à la jeunesse d'Aigueperse, lui avaient permis d'apprécier le bien obtenu par cette œuvre.

« Tous les jeunes pères de familles qui font leurs pâques, disait-il au vicaire chargé du patronage, ont fait partie de la petite Congrégation ; ce sont aujourd'hui nos meilleurs amis. »

C'est que M. Imberdis continuait à se montrer leur père quand ils ne fréquentaient plus les réunions des congréganistes.

« Si quelque enfant pauvre manifestait le désir d'apprendre un métier, écrit un témoin, M. le Curé le plaçait à ses frais en apprentissage ; et, avec sa prudence habituelle, il mettait pour condition expresse qu'on n'obligerait pas l'apprenti à travailler le dimanche (1). »

En d'autres circonstances, il n'hésitait point à

______

(1) Mlle M.

courir après les brebis égarées pour les ramener au bercail.

Un jour, un jeune homme de bonne famille prend un de ces partis excentriques, comme il peut en éclore dans un cerveau de dix-huit ans.

Peu de temps après sa sortie du Petit-Séminaire, il quitte brusquement le toit paternel pour se faire, disait-il, chauffeur-mécanicien sur une ligne de chemin de fer.

A la nouvelle de ce coup de tête, M. Imberdis part à la recherche du jeune prodigue. Il a la consolation de le trouver à Lyon. Il déploie tant de condescendance et de bonté qu'il réussit à le ramener dans sa famille.

Mais la sollicitude du pieux Pasteur se montra particulièrement vigilante et généreuse en faveur des jeunes gens et des jeunes personnes appelés à se consacrer à Dieu, dans le sacerdoce ou la vie religieuse.

CHAPITRE XIII

M. IMBERDIS ET LES VOCATIONS SACERDOTALES
ET RELIGIEUSES

La ville d'Aigueperse a, de tout temps, donné nombre de ses enfants au sacerdoce et au cloître.

Longue serait la liste des prêtres, des religieux et des religieuses originaires de la paroisse de Notre-Dame d'Aigueperse.

Voici quelques noms parmi les moins oubliés :

Au xvie siècle, Charles de Marillac, archevêque de Vienne et ambassadeur ; Pierre de Marillac, chanoine de la Sainte-Chapelle de Saint-Louis (1).

Au xviie siècle, Claude Urion, remarquable par sa science et son urbanité (2).

(1) Chabrol, *Coutumes d'Auvergne.*
(2) *Gallia Christiana.*

Au xviiie siècle, Bassin de Préfort, auteur d'un dictionnaire des Origines, Découvertes et Inventions (1) ; Pierre Culhat, rédacteur de la Chronologie des Seigneurs, Comtes et Ducs-et-Pairs de Montpensier (2).

A l'époque de la Révolution, Claude Agier, prévôt de l'église de Séez ; Michel Rabusson, Louis et François Boivin, chanoines de la collégiale de Notre-Dame d'Aigueperse ; Pierre Boivin, chartreux, et plusieurs autres, dont la constante et courageuse piété, en ces temps difficiles, fut, à Aigueperse, l'appui et l'édification des familles chrétiennes (3).

Dans notre siècle, MM. Tapon, supérieur du Petit-Séminaire ; Maison, curé de Saint-Cerneuf, à Billom ; Roche, curé de Lapeyrouse ; Raymond, vicaire général de la Nouvelle-Orléans.

Parmi les femmes, citons Louise de Marillac, sœur de l'archevêque de Vienne (4) ; Mme Louise Legras, sa nièce, la célèbre fondatrice de l'ordre de la Charité, qui, bien qu'elle soit née à Paris,

(1) Tardieu, *Dict. histor.*

(2) *Tablettes historiques de l'Auvergne.*

(3) Archives de la préfecture du Puy-de-Dôme et de la mairie d'Aigueperse.

(4) Chabrol, *Coutumes.*

appartient, par sa famille, à la ville d'Aigue-perse (1).

Et plus près de notre siècle, Marie Magnin, Marie-Anne-Claire Nony, du monastère de l'*Ave-Maria*.

Cette chaîne glorieuse, un instant brisée par la Révolution, allait, sous le ministère de M. Imberdis, dérouler ses anneaux aussi nombreux que dans les siècles de foi.

Nous choisissons quelques noms parmi les morts :

M. Dupouhet, curé de Saint-Donat ; le Frère Faucheux, directeur de l'école chrétienne de Riom ; les Frères Dupouhet, Donzelle ; les Sœurs Antonie et Henriette Boudal, Félicie Brizard, Madeleine et Marie-Joséphine Desnier, Henriette Nivet, etc... Et ensuite quelle magnifique pléïade d'excellents prêtres, de saintes religieuses qui travaillent encore, dans le diocèse et jusque dans le Nouveau-Monde, au salut des âmes, à l'instruction des enfants, au soin des vieillards et des malades !

O bon Pasteur, grand et splendide sera le diadème d'âmes sacerdotales et religieuses qui couronnera, au ciel, votre noble front !

(1) Louise de Marillac, née à Paris, en 1691, avait épousé Antoine Gras, dit Le Gras, secrétaire de la reine Marie de Médicis (Tardieu).

M. Imberdis avait le coup d'œil juste pour discerner les vocations ecclésiastiques et religieuses, une rare sûreté de main pour les former, une inépuisable charité pour les seconder matériellement.

Rarement les résolutions prises, les démarches faites, les études commencées par ses conseils n'ont pas été couronnées de succès.

Pendant son ministère, le recrutement du clergé et des ordres religieux ne rencontrait point les obstacles survenus depuis.

Le prêtre, le religieux, la Sœur de l'hôpital et de l'école jouissaient de la considération publique pour le bien qu'ils font aux âmes, aux malades et aux enfants.

A Aigueperse, la vénération dont on entourait unanimement M. Imberdis ajoutait encore au prestige sacerdotal. Et ce prestige enfantait des vocations.

Dieu se sert quelquefois des vues humaines des parents pour peupler le sanctuaire de dignes ministres.

Tandis que le jeune homme, à un âge où l'orage des grandes passions n'a pas ravagé son cœur, se donne à Dieu pour l'amour du sacrifice, les parents, guidés souvent par des intentions moins pures, favorisent la vocation de leurs enfants.

Les familles d'Aigueperse pouvaient compter sur le concours de leur Pasteur.

« Combien de vocations n'a-t-il pas aidées et secourues, écrit une personne, en dehors de ses encouragements de prêtre qu'il prodiguait aussi aux vocations religieuses. »

« Une chose que je sais bien, lisons-nous dans une lettre qui nous vient d'Amérique, une chose que je sais bien, c'est son zèle pour encourager les vocations à l'état ecclésiastique. Il le faisait par ses exhortations et aussi avec sa bourse. »

« Quand quelques enfants, dit encore une autre personne, se sentaient appelés à faire partie de la milice sacrée, ils s'adressaient à lui, et ce bon et généreux prêtre leur ouvrait son cœur et sa bourse, et ne les abandonnait pas qu'ils n'eussent atteint leur but. »

La vocation est l'œuvre de Dieu ; mais, pour deviner cet appel divin, il faut au directeur des âmes des lumières spéciales et, à l'enfant, un cœur pur pour l'entendre.

Dieu parle de vocation à l'enfant particulière-ment au jour où Jésus, dans l'Eucharistie, visite, pour la première fois, son jeune cœur. Aussi, à l'époque de la première communion, M. le Curé était aux écoutes.

Quand il avait reçu les confidences de quelque

jeune paroissien, il le façonnait, pour ainsi dire, à sa vocation ; mais, dans sa direction, il apportait tant de discrétion qu'il paraissait vouloir laisser à Dieu seul le soin de faire son œuvre.

« Lorsque, le soir de ma première communion, écrit un prêtre distingué, je lui dis, en présence de ma mère, que je voulais être prêtre, il me dit que c'était une grande et sublime vocation, qu'il était bien difficile d'y atteindre... Et puis, dès ce jour, sans jamais me demander quelles étaient mes intentions, il me parlait de la sainteté du sacerdoce, chaque fois que j'allais à confesse. »

Il prenait parfois lui-même l'initiative, et, avec une grâce onctueuse et douce, glissait la pensée de la vocation.

« Ma bien chère petite Marie, écrivait-il à une jeune enfant, vous m'annoncez une heureuse nouvelle qui vous remplit de joie et me cause aussi une douce satisfaction. Le voilà donc venu ce beau jour après lequel vous avez tant soupiré !... Ne manquez pas, ma bonne Marie, lorsque Jésus sera dans votre poitrine et qu'il vous aura fait le don le plus excellent qu'il pouvait vous faire, de vous donner tout à lui, en retour, lui promettant de l'aimer toujours, et de ne vivre désormais que pour lui seul.

» Il est possible que le bon Maître agrée votre

offrande, et, qu'en ce moment solennel, il veuille vous marquer au front du sceau de ses épouses bien-aimées. S'il en était ainsi, je bénirais le Seigneur, puisqu'en vous consacrant à son service, il vous appellerait au plus grand des honneurs sur la terre et vous donnerait un gage certain de prédestination dans le ciel... »

Dans une autre jeune âme, il aperçoit aussi le germe naissant de la vocation religieuse; mais, en apparence, il semble l'abandonner à la main de Dieu pour le faire grandir, se réservant, à sa maturité, de le cueillir pour le cloître.

« A mesure que je grandissais, écrit une sainte fille, à mesure que je grandissais, après ma sortie du pensionnat, avec cette prudence et cette réserve qui faisaient le fond de sa direction, il semblait prendre à cœur à ne faire aucune allusion à ma vocation religieuse. Il semblait avoir profondément en principe de ne point devancer la grâce et, jusqu'à dix-huit ans, il ne me parla plus de rien.

» Une veille de fête de la Sainte Vierge, le 1er février, il me dit tout à coup, au confessionnal, de communier le lendemain à l'intention de savoir comment notre divine Mère voulait que je lui appartinsse... »

Cependant, il ne procédait pas toujours avec cette lenteur ; il savait discrètement tenir compte des circonstances, et on le vit apporter plus d'empressement à faire entrer dans différentes congrégations religieuses d'autres jeunes filles par suite d'événements de famille ou de dangers encourus.

Sa sollicitude toute paternelle suivait ses enfants au noviciat. Et quand la nature, effrayée des sacrifices de la vie religieuse, se récriait, une lettre, digne de saint François de Sales, venait réconforter le courage et raffermir les pas de la novice hésitante.

« Ne croyez pas toutefois, ma chère fille, écrivait-il un jour, ne croyez pas que je suis ingrat envers le bon Maître qui vous a *inspiré* une aussi généreuse *inspiration ?*

» Je comprends trop bien tout ce qu'il y a d'honorable et d'avantageux pour une jeune personne de mépriser les vanités du monde, pour se donner toute à Dieu et devenir l'épouse de Jésus-Christ.

» Vous-même avez déjà fait la douce expérience qu'un jour passé dans les tabernacles du Seigneur vaut mieux que mille qui s'écoulent dans les tentes des pécheurs. Courage donc ! ma chère enfant, ne vous laissez point troubler par les différents sacrifices que le bon Dieu vous impose ; ils sont douloureux, j'en conviens, et pénibles à la pauvre nature, mais celui qui vous a choisie entre mille pour vous unir à lui, saura bien les adoucir et vous donner le courage et la force de les supporter pour son amour.

» Du reste, croyez-en à mon expérience, j'ai toujours remarqué, même dans les vocations certainement divines, qu'il y a, au commencement, certaines perplexités extrêmement pénibles que doivent surmonter celles qui veulent se consacrer à Dieu. Je les attribue aux efforts désespérés du démon qui joue de son reste et se met à quatre, voyant qu'une âme va lui échapper sans retour.

» Oh ! ma bonne Marie, vous allez, je l'espère, vous donner si complètement au Seigneur que vous n'aurez plus à regretter le monde et que vous ferez généreusement tous les sacrifices qu'exigera votre sublime vocation, bien convaincue de la promesse que Jésus-Christ a faite à ceux qui abandonnent tout pour le suivre : *Le centuple en ce monde et la vie éternelle en l'autre.*

» Du fond de votre douce retraite, à l'abri des dangers du monde, n'oubliez pas, ma bien chère enfant, ceux que vous avez laissés exposés à tant de périls. Priez, priez beaucoup, et pour vos chers parents et pour ceux qui vous portent un si vif intérêt. Je vous recommande spécialement vos anciennes compagnes, les Enfants de Marie, dont la régularité est pour moi d'une grande consolation et d'un bon effet pour la paroisse qu'elles édifient... »

M. Imberdis n'avait pas une moindre sollicitude pour les jeunes gens appelés à la carrière ecclésiastique.

Quand il avait découvert, parmi ses chers petits paroissiens, une vocation solide, il confiait le futur lévite à M. Faylide.

Ce chrétien fort, digne des temps antiques par sa foi, avant de se fixer dans le monde, avait passé quelque temps dans le noviciat du sacerdoce. Dieu, sans doute, l'avait permis pour le former à cette vie de règle et de piété qui ne se démentit jamais et fut, pour ses élèves et ses vertueux enfants, une éloquente et constante leçon.

Après que, sous la direction de ce maître expérimenté, les jeunes étudiants avaient été solidement initiés au génie des langues latine, grecque et française, M. le Curé les plaçait dans un des petits séminaires du diocèse, et se chargeait, en totalité ou en partie, des frais de pension lorsque la famille ne pouvait y pourvoir.

« Il leur procurait aussi, dit une personne initiée à ces actes de charité, il leur procurait aussi, soit les livres nécessaires à leurs études, soit l'uniforme de l'établissement où il les faisait entrer. »

Enfin, il mettait même, au besoin, à leur disposition, sa table et sa maison.

Un jeune séminariste eut le malheur de perdre ses parents pendant qu'il achevait ses études. On se demanda un jour, en présence de M. le Curé, où le pauvre orphelin passerait ses vacances.

« Au presbytère, répondit-il. Ne dois-je pas être le père de ceux qui n'en ont plus ? »

Et, en effet, à la fin de chaque année scolaire, les vacances ramenaient sous le toit hospitalier de M. le Curé le jeune séminariste.

CHAPITRE XIV

M. IMBERDIS ET L'HOSPICE

Dans les siècles passés, la ville d'Aigueperse comptait trois institutions de bienfaisance établies pour l'assistance et le soulagement des malades, des vieillards, des pauvres et des enfants :

La maladrerie de Saint-Lazare, l'Hospice et la confrérie des Dames de la Miséricorde du Sacré-Cœur de Jésus (1).

La charité chrétienne avait présidé à leur fondation et pourvoyait généreusement à leur entretien.

La maladrerie ou léproserie de Saint-Lazare

(1) Chabrol, *Coutumes.* — Tardieu, *Dict. hist.* Archives de la fabrique, de la mairie et de l'hospice d'Aigueperse. — Pierre Culhat, *Chronologie.*

était située en dehors de la ville, près du village de Montpensier. Les membres d'une confrérie, dite de Saint-Lazare, prenaient soin des malheureux atteints de l'affreuse maladie.

Cet établissement devint heureusement inutile dès le commencement du xviie siècle. De l'aveu des consuls, il n'y avait plus de lépreux dans la ville en 1606. Les revenus de la confrérie de Saint-Lazare furent cédés à l'hospice et les bâtiments démolis.

L'hospice de Saint-James ou de Saint-Jacques existait dès le commencement du xive siècle. En 1334, l'administrateur de l'*Ostel-Dieu* était Antoine Reynaud.

Cet établissement était primitivement situé au midi de la ville, près de la porte de la Chossade, à l'intérieur des fortifications.

Il fut richement doté. Chaque siècle lui apporta de nouvelles ressources. Les principales familles de la ville, les de Combauld, les de Marillac, les Bérard, seigneurs de Chazelles, rivalisèrent de générosité. François Fouet, curé de Riom (1), Charles Cournon et Joseph Fouet, curés d'Aigue-

(1) « Les procès jouèrent le rôle principal dans la vie de Jean-François Fouet. » Bernet-Rollande, *Saint Amable.* Clermont, 1891.

perse (1), Charlotte de Richemont, Sœur de la
Charité de Nevers, et bien d'autres sont comptés
au nombre des bienfaiteurs.

Mais à la tête de cette liste glorieuse des amis
des pauvres, il convient de placer Antoine Gode-
mel qui légua à l'hospice toute sa fortune, estimée
à deux cent mille livres (1732).

Ces libéralités successives permirent à la ville,
vers le milieu du xviiie siècle, de construire un
nouvel hospice sur un terrain plus commode et de
plus vastes plans.

La construction des bâtiments actuels, commencée en 1758, fut terminée six ans plus tard.
Le personnel de l'hospice de Saint-James se transporta place d'Orléans, laissant au Bas-de-Ville,
en souvenir de son séjour dans ce quartier, la
statue de son patron encore vénérée de nos jours.

(1) On lit sur un tableau, à l'hospice : Messire Joseph
Fouet, prêtre, docteur en Sorbonne, ancien curé de la ville
d'Aigueperse, a fondé cent livres de rente pour le soulagement des pauvres de cet Hôpital et Hôtel-Dieu, et deux cents
livres pour l'honoraire des prédicateurs de l'Avent et du
Carême, à perpétuité, dans la paroisse de cette ville, par
contrat passé devant Maultrot et son confrère, notaires à
Paris, le 3 avril 1730. L'assignat de cette fondation est un
domaine situé dans la paroisse de Villeneuve-les-Cerfs, dont
jouit cet hôpital.

Priez Dieu pour le fondateur. 1730.

L'administration de ce riche établissement appartenait aux consuls et leur pouvoir était pour ainsi dire sans tutelle; ils nommaient ou révoquaient à leur gré le *mestre en l'hospital,* ils pouvaient, sans recourir au duc de Montpensier, recevoir *toutes donations soit d'hommes ou de femmes et de toutes choses que l'on voulait donner* (1). Le service de la maison était fait par des personnes rétribuées et les Dames de la confrérie du Sacré-Cœur de Jésus (2). Mais, en 1714, il fut confié aux religieuses de la Charité de Nevers.

L'arrivée des bonnes Sœurs fut l'occasion de nouvelles libéralités et le nombre des religieuses fut porté à trois, ensuite à quatre.

La direction spirituelle était confiée à un aumônier qui résidait dans l'établissement.

A l'époque de la Révolution, il prêta serment à la Constitution civile du clergé. Cet acte de lâche apostasie fut l'occasion du départ des Sœurs de Nevers, dès 1791.

Les administrateurs voulurent les obliger à assister aux offices célébrés par l'intrus afin de surveiller les enfants. Les Sœurs refusèrent.

(1) Charte de 1374 citée par Chabrol, *Coutumes.*
(2) A l'arrivée des Sœurs de Nevers, cette confrérie modifia les articles de ses statuts concernant le service de l'hospice.

La communauté d'Aigueperse avait alors à sa tête une femme d'un grand mérite et d'une rare fermeté, la Mère Victoire Albonys, qui fut plus tard supérieure générale de son Ordre (1).

A toutes les instances faites par les administrateurs, elle déclara en son nom et au nom de ses compagnes « qu'elles persistaient dans leur refus d'être présentes quand le chapelain remplira ses fonctions, attendu qu'il est assermenté (2). »

« Inutilement leur fait-on de nouvelles observations, elles demeurent fermes dans leur résolution et demandent leur retraite (3). »

Après avoir rendu ses comptes, le 2 juillet 1791, la Mère Victoire rentra avec ses compagnes à la communauté de Nevers.

Après la tourmente révolutionnaire, les Sœurs de Nevers reprirent leur poste de dévouement à l'hospice d'Aigueperse. Le zèle et les vertus du nouvel aumônier firent oublier la défection de son prédécesseur de 1791.

Dans la paroisse, au contraire, on conservait le

(1) Calendrier des Sœurs de Nevers, année 1873. — Archives de l'hospice d'Aigueperse et de la préfecture du Puy-de-Dôme.

(2) Registre des délibérations de la Commission administrative.

(3) Calendrier des Sœurs de Nevers.

souvenir de l'adhésion donnée par M. Lefort à la Constitution civile du clergé ; le prestige du pasteur s'en trouvait malheureusement très amoindri ; les fidèles les plus fervents désertaient l'église paroissiale pour fréquenter la chapelle de l'hospice. L'union nécessaire au bien n'existait point dans la paroisse.

M. Imberdis, dès les premiers jours de son ministère à Aigueperse, comprit que pour rendre son action pastorale plus fructueuse, il faudrait faire cesser cette division et centraliser entre les mains du curé de la paroisse les services religieux de toute la ville. C'était une mesure délicate à prendre ; il y avait bien des susceptibilités à ménager. M. le Curé ne se fit aucune illusion à ce sujet ; et, selon ses habitudes de prudence, il préféra laisser mûrir la question et attendre une occasion favorable à son dessein.

Il remédia, dans la mesure du possible, aux inconvénients qu'il déplorait. Dans ce but, il obtint, en dernier lieu, de Monseigneur Féron, la nomination à l'aumônerie de l'hospice de M. Quiquandon, son compatriote et son ami, prêtre d'une grande piété.

A la mort de M. Quiquandon qui arriva en 1866, M. le Curé jugea sagement que le moment de réaliser son projet de se charger du service religieux de l'hospice, était venu. Il s'éleva dans la ville quelques protestations dès qu'on eut connaissance de cette annexion, et ses amis en conçurent quelques craintes dont ils lui firent part. « Je reconnais, dit-il dans une lettre, et votre zèle et votre dévouement. Mais rassurez-vous, je n'agirai qu'avec beaucoup de réflexion et toujours en vue du bien. Je crois qu'il est de l'utilité générale de la paroisse que le curé soit chargé du service religieux de l'hospice... Aussi je plierai la tête sous le joug, quoique je *prévoye* bien qu'il en résultera quelques petits inconvénients. Dieu pourvoiera à tout. »

Il exprime ensuite le regret de n'avoir pu, pour cause de maladie, assister aux funérailles de M. Quiquandon.

« Il m'en a bien coûté, je vous l'avoue, de ne pouvoir me joindre à mes confrères pour rendre les derniers devoirs à notre cher aumônier ; mais j'ai offert à Dieu cet acte d'obéissance et j'espère que ce sacrifice aura été utile à ce vieil ami. »

Les craintes appréhendées se dissipèrent bientôt. L'administration trouva dans cette mesure une économie, et les Sœurs, l'éloignement d'une personnalité quelquefois gênante.

Le sage Pasteur organisa le service religieux dans ses moindres détails et il le confia à ses vicaires. L'un d'eux fut nommé aumônier titulaire, mais chaque vicaire fit le service successivement pendant une semaine.

On disait la sainte messe tous les jours dans la chapelle, on donnait une instruction tous les jeudis, et, pendant le carême, deux fois par semaine.

Les fêtes patronales de l'établissement, de sainte Philomène et de la Compassion de la Sainte Vierge, étaient célébrées avec une grande solennité. Au salut, le soir, le sermon était donné par un prêtre étranger.

MM. les Curés des paroisses voisines assistaient aux cérémonies.

Si, au dernier moment, le prédicateur invité faisait défaut, M. le Curé, ne voulant pas que ses chers vieillards fussent privés de la parole de Dieu, montait lui-même en chaire et savait faire jaillir, de son cœur ami des pauvres, une pieuse improvisation.

Un jour, il commenta avec une grâce admirable l'*Ave Maria*. Une autre fois il donna une touchante explication de l'antienne : *Sancta Maria succurre miseris...*

Il s'occupa pareillement des points matériels, il ne voulut pas que ses vicaires fussent seulement à la peine, et il leur abandonna le casuel de l'hospice et une partie du traitement de l'aumônier.

« Les vieillards et les infirmes de l'hospice, ajoute un témoin, excitaient à un haut degré l'intérêt du vénérable prêtre.

» Souvent, aux jours de fête, on le voyait s'acheminer grave et joyeux tout à la fois vers cet asile de la souffrance, allant apporter lui-même aux déshérités de la fortune de quoi se procurer quelques petites douceurs.

» Il ne serait pas bien, disait-il, que la paroisse fût en réjouissance, et que vous, la portion chérie du Seigneur, n'eussiez votre petite part de bonheur. C'est, du reste, l'esprit de l'Eglise qui veut que nous soyons tous frères et que nous nous réjouissions en Dieu.

» Alors M. le Curé donnait à la Mère Supérieure pour ceux-ci du tabac, pour ceux-là du vin, pour tous un plat de plus au dîner. Et tous bénissaient à l'envi le bon pasteur qui n'oubliait pas ses pauvres enfants, mais les comblait de ses bienfaits. »

Ainsi, à propos de l'hospice, M. Imberdis eut la rare fortune de contenter tout le monde : les vieillards, les religieuses, les administrateurs et les vicaires.

CHAPITRE XV

M. IMBERDIS ET LA CONFRÉRIE DES DAMES DE LA MI-
SÉRICORDE DU SACRÉ-CŒUR DE JÉSUS

La confrérie des Dames de la Miséricorde, ou de la Charité, établie dans la paroisse d'Aigueperse, a survécu à toutes les vicissitudes politiques et religieuses.

Elle a toujours eu sa raison d'être. A toute époque, il s'est trouvé des malheureux à secourir et des âmes d'élite voulant se sanctifier par la pratique des œuvres de miséricorde.

Cette association de bienfaisance fut canoniquement approuvée par Monseigneur Joachim d'Estaing en 1632 (1). Mais depuis longtemps déjà elle

(1) Archives de la confrérie.

était constituée ; elle avait sa présidente, sa trésorière et ses assistantes, et répandait, sous la direction du curé de la paroisse de Notre-Dame d'Aigueperse, les secours de la charité chrétienne et
les consolations de la religion dans le sein de ceux
qui souffrent. Depuis longtemps les dames et
demoiselles qui la composaient, savaient unir les
devoirs de la vie de famille aux pratiques de la
miséricorde et de la piété.

La pieuse association a un double but :

« Cette Confrérie, dit l'article premier des statuts, est établie pour deux fins. La première est
pour exercer les œuvres spirituelles et corporelles
de miséricorde, soit à l'égard des pauvres honteux, des malades et autres nécessiteux de cette
paroisse qui n'ont aucune ressource pour subsister, ou qui n'en ont que de bien faibles et d'insuf-
fisantes pour se procurer le nécessaire, soit à
l'égard des pauvres prisonniers qui sont délaissés
et réduits à une livre et demie de pain par
jour.

» La seconde est pour sanctifier, par l'exercice
des œuvres de miséricorde, les dames et demoiselles qui y sont agrégées. »

L'article XII énumère en détail les soins à donner aux prisonniers. Il mérite d'être cité intégra-
lement ; c'est, pour ainsi dire, un coup de pinceau

qui retrace, dans leurs tristes réalités, les souffrances des prisonniers dans les siècles qui ont précédé le nôtre.

« Les charités que recevra la trésorière, soit en argent, toile, hardes, ustensiles ou autrement pour soulager les pauvres prisonniers, seront par elle employées à faire nettoyer et blanchir leurs habillements et leur linge, à leur fournir des chemises neuves lorsqu'ils en auront besoin, à faire brûler l'ancienne paille de leurs cachots, à leur en fournir de la fraîche, à l'effet de nettoyer les ordures et les immondices où ils croupissent et pour les faire changer de linge ou d'habits.

» Elle fera lever et remettre par un serrurier les fers dont ils sont chargés, du consentement de M. le Lieutenant général. Elle aura soin aussi que leurs barbes soient rasées au moins tous les quinze jours, qu'on leur procure tous les ustensiles nécessaires pour recevoir ce qu'on leur porte à manger, et leur enverra au moins une couverture lorsqu'ils seront malades.

» Dans le cas où quelqu'un des prisonniers soit détenu pour cause d'une dette de peu de conséquence et que les fonds destinés pour le soulagement des prisonniers soient suffisants pour l'acquitter, la trésorière en fera son rapport au bureau de charité qui décidera s'il y a des raisons suffisantes pour élargir le prisonnier et le rendre à sa famille. »

Après les soins du corps, viennent les soins de l'âme. Les prisonniers sont visités au moins une fois par semaine, et « au défaut de M. le Curé, la Dame de charité engagera un autre prêtre de se charger de leur faire les exhortations dont ils ont besoin, de les confesser, au moins à Pâques et lorsqu'ils seront dangereusement malades, ou qu'ils seront conduits au dernier supplice. » (Art. XVIII.)

Un quartier de la ville est assigné à chaque Dame de la Confrérie. Elle visitera les pauvres honteux de son quartier, leur procurera les secours nécessaires. Elle s'appliquera à faire régner la paix dans les familles. Elle engagera les parents à faire instruire leurs enfants et à remplir eux-mêmes leurs devoirs de chrétien. (Art. XVI.)

Elle exercera le même apostolat auprès des malades. En leur distribuant le pain et les médicaments destinés au corps, elle entretiendra par de pieuses exhortations, dans leur âme abattue, le courage et la résignation à la volonté de Dieu. (Art. XVII.)

La charité exercée à l'égard des malheureux, les Dames de la Confrérie l'exerceront à l'égard les unes des autres. Elles feront de fréquentes

visites à l'associée malade. Elles prendront soin
de lui faire recevoir les derniers sacrements et de
lui procurer l'assistance d'un prêtre à son agonie.
Elles assisteront à ses funérailles et feront célébrer la sainte messe pour le repos de son âme.

Dieu seul connaît le bien opéré par cette œuvre
admirable, sans interruption depuis plus de trois
siècles. Aussi le ciel bénit et multiplia ses ressources; les fondations affluèrent et les noms des
bienfaiteurs occuperaient plusieurs pages.

L'installation des Sœurs de la Charité de Nevers
à l'hospice déchargea les Dames de la Miséricorde
de cet établissement. Quelques articles des statuts
anciens tombèrent en désuétude. Avec les temps
nouveaux, arrivèrent des usages nouveaux et de
nouvelles nécessités.

Vers la fin du siècle dernier, les statuts furent
modifiés et leur nouvelle rédaction soumise à l'ap
probation de l'Ordinaire par M. Jean-Baptiste
Gaston, curé de Notre-Dame d'Aigueperse (1).
Monseigneur de Bonal adressa aux Dames de la
Confrérie cette gracieuse lettre :

« J'ai été charmé, Mesdames, de coopérer à
votre zèle charitable en homologuant les statuts
de votre confrérie.

(1) Voir l'appendice V.

» Cet établissement est fait pour honorer la Religion autant que pour soulager l'humanité. J'aime à prévoir qu'il sera aussi édifiant dans l'ordre de la piété qu'avantageux dans celui de la société.

» Vous me trouverez toujours empressé, Mesdames, à contribuer de tout mon pouvoir, aux succès de vos vues, et ce sera pour moi un plaisir que de marquer à une ville, où j'ai vu avec consolation les principes de la Religion respectés, le culte de Marie en honneur comme les autres vertus, des preuves de mon affection particulière.

» Recevez, je vous prie, avec confiance, l'assurance du respect avec lequel j'ai l'honneur d'être,

» Mesdames,

» Votre très humble et obéissant serviteur.

» Signé : † F., Evêque de Clermont.

» Beauregard, ce 25 may 1783. »

Les formidables secousses de la Révolution ébranlèrent la pieuse Confrérie mais ne l'abolirent point. Elle continua son œuvre bienfaisante même sous la Terreur. Le 17 avril 1793, elle tenait une réunion convoquée et présidée par « le citoyen Jean Forestier, curé » constitutionnel de la ville.

Un peu languissante sous la direction de M. Lefort, elle allait prendre une nouvelle vitalité sous l'impulsion généreuse de M. Imberdis.

Cette association répondait parfaitement aux sentiments compatissants dont le charitable et zélé pasteur fut toujours animé, pour les membres souffrants de Jésus-Christ.

Soulager les malheureux, sanctifier les âmes ! Mais ce fut le rêve ou plutôt l'unique ambition de toute sa vie sacerdotale.

Autant par son exemple que par sa parole, il ranima dans la Confrérie l'esprit d'abnégation et de dévouement, l'amour des pauvres et l'amour de Dieu. Il savait que l'observation des règlements est, pour toute œuvre, une condition essentielle de vitalité, et il s'appliqua à faire strictement observer les statuts de la pieuse association.

Les réunions mensuelles se tinrent régulièrement au presbytère, chaque Dame de la Miséricorde rendit compte de l'état et des besoins des pauvres de son quartier, et de l'emploi des aumônes qui lui avaient été confiées par la trésorière. L'on apprenait ainsi, quelquefois, que la charitable servante des pauvres avait puisé dans sa propre bourse ou dans celle de M. le Curé.

Les fêtes patronales de l'œuvre furent pieusement célébrées.

Le dévoué pasteur, qui faisait marcher de pair

la bienfaisance et la piété, voulait que celles qui sont la providence des indigents leur fussent aussi un modèle de vertu.

Dans le choix des nouvelles Associées, il laissa entendre que l'on devait se baser moins sur la considération de la position sociale que des qualités personnelles.

L'Association se recruta dans tous les rangs de la classe aisée.

Cependant la bienséance, et sans doute aussi le désir de gagner une âme à la piété, l'engagèrent quelquefois à déroger à cette règle. Mais alors il prit à cœur la formation spirituelle de la nouvelle élue.

Il sut user, à propos, de tout son ascendant pour faire la guerre à des habitudes mondaines, qu'il jugeait incompatibles avec le rôle pieux de la Dame de Miséricorde.

Un jour, une jeune dame de la Confrérie faisait, à son tour, selon l'usage, la quête à l'église, pendant la messe paroissiale. La mise élégante et les allures mondaines de la quêteuse choquèrent M. le Curé. A l'issue de la messe, il l'invita à le suivre à la sacristie. Là, il lui fit de fermes représentations. La jeune dame les reçut avec soumission et promit de s'amender. Toutefois, elle s'excusa, disant qu'elle n'avait point eu connaissance de sa faute.

« Lisez donc quelque bon livre qui vous ins-
truise de vos devoirs, » lui dit M. le Curé. « Je le
veux bien, répondit-elle, et je vous prie de vouloir
m'en procurer un. »

M. le Curé réfléchit un instant. « Eh bien ! dit-il,
lisez ce catéchisme. » Et il lui mit entre les mains
le catéchisme du diocèse.

Elle le lut, en effet, et ne tarda pas à le rappor-
ter à M. Imberdis. « Gardez ce petit livre, lui dit-il
encore, lisez-le jusqu'à trois fois. »

La jeune dame obéit et la grâce de Dieu travailla
son âme. Elle comprit enfin sa vanité, se sentit peu
à peu portée à embrasser un genre de vie plus en
rapport avec ses obligations de chrétienne. Elle
fut désormais de toutes les bonnes œuvres de la
paroisse, et, plus tard, elle trouva, dans sa foi
vive, la force de supporter noblement les revers de
la fortune.

A la grande satisfaction de M. le Curé et des
pauvres, l'œuvre des Dames de la Miséricorde
fonctionnait à l'instar des administrations les
mieux organisées. Les aumônes étaient distri-
buées, est-il besoin de le dire ? avec une impartia-
lité absolue et une discrétion éclairée.

Chaque Dame connaissait le personnel de son
quartier, et chaque pauvre savait aussi à quelle
bienfaitrice il devait s'adresser, pour être immé-

diatement secouru. Il n'y avait plus dans la ville de malheureux inconnus et abandonnés.

Aussi, les administrateurs du Bureau de bienfaisance jugèrent, avec raison, qu'ils ne sauraient trouver d'agents plus expérimentés et plus dévoués que les Dames de la Miséricorde. Ils chargèrent les pieuses Associées de distribuer les secours dont disposait cette administration. Elles furent, il est vrai, un jour, déchargées de cet office, non à cause de leur gestion qui était irréprochable, mais par suite de l'avènement, au Bureau de bienfaisance, de quelques personnalités en quête de popularité.

La philanthropie sert quelquefois de masque à l'ambition. M. le Curé et les Dames de Charité alimentaient leur dévouement à des sources plus pures.

N'avaient-ils pas, dans leurs réunions, en s'entretenant de l'intérêt du pauvre, médité souvent ces paroles du divin Maître : « J'ai eu faim et vous m'avez donné à manger, j'ai eu soif et vous m'avez donné à boire, j'ai été nu et vous m'avez revêtu, j'ai été malade et vous m'avez visité, j'ai été en prison et vous êtes venus me voir (1). » Et ils continuèrent, selon les traditions séculaires de l'œuvre, d'assister Jésus-Christ dans la personne

(1) Matth. XXV, 35, 36.

de l'indigent, sans ostentation, et pour l'amour de
Dieu.

La Confrérie fut l'objet de la constante sollicitude de M. Imberdis jusqu'à ses derniers moments.
Deux heures avant de rendre son âme à Dieu, il dit
au vicaire chargé de recevoir ses dernières recommandations :

« Vous réunirez en mon nom, un de ces jours,
le plus tôt possible, les Dames de Charité... Vous
ferez nommer une trésorière... Mademoiselle L. B.
remplirait parfaitement cette fonction... Elle est
libre... On lui remettra l'argent de l'Œuvre, vous
lui remettrez le livre... Je voudrais que cette
œuvre ne fût pas désorganisée à ma mort.

» Mon intention était de réunir en une seule
œuvre, l'Œuvre des Ecoles libres et l'Œuvre des
Dames de la Miséricorde, puisque l'Œuvre des
Ecoles libres est aussi une œuvre de charité. »

Dans son testament, M. Imberdis avait inscrit
la Confrérie pour cinq cents francs, pour autant
sans doute que le lui permettaient le modeste
reliquat de son patrimoine et la part faite aux
autres œuvres paroissiales.

CHAPITRE XVI

M. IMBERDIS ET LES PAUVRES

La charité de M. Imberdis envers les pauvres restera proverbiale à Aigueperse. Il n'a laissé un seul malheureux lui tendre vainement la main. Il est allé lui-même à la recherche de la misère cachée, pour la secourir aussitôt. Il savait que donner vite c'est donner deux fois. Son ange gardien seul pourrait compter les sommes qui ont passé de ses mains dans celles des misérables. Lui-même n'aurait su le dire, car il donnait toujours et quelquefois sans compter.

Chaque année, il visitait plusieurs fois les pauvres de sa paroisse, laissant partout d'abondants secours, prodigués avec une délicatesse qui ménageait à la fois l'amour-propre de la famille assistée, et la modestie du généreux donateur.

Il s'intéressait à tous les membres de la famille, demandait de leurs nouvelles, disait ordinairement quelques paroles d'édification et, en se retirant, déposait discrètement sur un meuble une pièce d'or.

Les familles pauvres connaissaient ses habitudes et le motif de sa visite. La plupart ne lui demandaient point l'aumône, assurées qu'elles étaient de recevoir son offrande sans en manifester le désir.

Quand il ne trouvait personne dans la maison du pauvre, il laissait néanmoins sa pièce d'or ; on devinait facilement, le soir, quel charitable visiteur avait pénétré dans l'humble demeure.

Pendant les hivers, il faisait une distribution de bois, et deux lorsque le froid était rigoureux et de longue durée. On conduisait les chars de bois au presbytère. Un honnête journalier faisait les parts, et chaque famille venait en prendre une quantité proportionnée à ses besoins ; et, par une délicatesse qui ne surprendra point ceux qui ont connu le modeste et charitable pasteur, il autorisait les pauvres qui venaient prendre ce bois à passer avec leurs petites voitures par son jardin, sur le boulevard solitaire de Coreil, afin de se dérober à la vue des voisins du presbytère.

Une année, sur la fin de sa vie, n'ayant ni bois

ni ressources pour s'en procurer, il s'avisa de faire arracher les tilleuls de son jardin. Le premier était déjà abattu ; le second allait avoir le même sort, quand une personne vint lui apporter, de la part d'une riche dame, la somme nécessaire pour acheter tout le bois dont il avait besoin pour sa distribution annuelle.

M. le Curé prenait quelquefois sur lui les charges qui incombaient à certains nécessiteux de sa paroisse. La ville d'Aigueperse est l'étape des troupes qui marchent dans la direction de Paris. Une fois, le nombre des militaires fut tel que de petits ménages, pauvres et fort étroitement logés, furent contraints d'en héberger plusieurs. Des plaintes éclatèrent et parvinrent aux oreilles de M. le Curé. Aussitôt, il s'offrit à loger chez lui tous les soldats que ces pauvres gens ne pouvaient recevoir. Vingt-cinq, assure un témoin oculaire, vinrent s'installer au presbytère, et furent invités à s'asseoir à sa table. Il les traita avec une telle aménité que les jeunes troupiers, émerveillés et profondément émus, racontaient partout dans la ville leur bonne fortune et ne savaient comment exprimer leur reconnaissance.

C'était encore pendant la mauvaise saison, il apprit, au couvent de la Miséricorde, que nombre d'élèves de l'école gratuite manquaient des vêtements de première nécessité. Il rentra à la cure et immédiatement envoya, à Mme la Supérieure, une somme de deux cents francs avec ces mots : « Veuillez faire acheter de la toile et autres étoffes, et donner tout de suite des chemises, des robes..., à nos pauvres petites enfants. Qu'elles n'aient plus froid, je vous en supplie... » Ainsi fut dit, ainsi fut fait ; et familles, élèves et maîtresses, bénirent le Pasteur bien-aimé dont la main s'ouvrait si libérale sur leurs besoins.

Dans les premières années de son installation à Aigueperse, il faisait de fréquentes visites à une pauvre femme alitée depuis fort longtemps. Selon son habitude à l'égard des personnes indigentes, il laissait chaque fois une aumône en argent. S'étant un jour approché plus près du lit de la malade, pour lui adresser quelques mots d'encouragement, il s'aperçut que sa couche se trouvait dans l'état le plus dégoûtant, et que la vermine dévorait la malheureuse femme ; plusieurs insectes avaient même envahi la soutane de M. le Curé. Il s'empressa de prier la supérieure de la Miséricorde d'aller, avec une de ses religieuses, renouveler le lit et le linge de la pauvre malade, et il mit, à cet effet, sa lingerie à leur disposition.

Il lui arriva bien fréquemment, dans la suite, de puiser à cette même lingerie. Pendant le grand

hiver de 1847, il donna en cachette même les couvertures de son lit. Il distribuait lui-même, sans
intermédiaire, ces secours en nature. Que de fois
ne le vit-on pas, un petit paquet de linge sous le
bras, à demi-caché sous le camail ou le manteau,
s'acheminer à grands pas vers la maison de l'indigent ! Il portait, à tous ceux qui en avaient besoin,
tantôt des chemises, tantôt des bas, des mouchoirs,
voire même des draps de lit et des serviettes.

Cette prodigalité faisait le désespoir de sa domestique, à tel point qu'elle prit la liberté de
fermer, à clef, l'armoire où était le linge de la
maison, et de lui faire de respectueuses représentations. « Encore, ajoutait-elle, si vous ne donniez
que ce qui est hors de service..., mais non, c'est
le meilleur qui s'en va. »

« Ne comprenez-vous pas, ma pauvre fille, ré-
pliquait M. le Curé, que les pauvres seraient bien
mal assistés, si je les traitais comme vous l'enten-
dez. Ils n'ont aucun moyen de se donner ce qui
leur manque, tandis que je puis, moi, remplacer
ce que je suis heureux de leur offrir. »

La plupart du temps, M. Imberdis n'eut pas à
s'occuper de faire remplacer ces objets. Quelques
personnes riches de la paroisse, connaissant ses
habitudes, approvisionnaient sa lingerie à mesure
que le charitable Pasteur y faisait des vides.

Admirable était surtout la charité de M. Imberdis pour les pauvres honteux. Que d'infortunes secrètes il a soulagées ! Il voulait alors que sa main gauche ignorât ce que donnait sa main droite ; mais la reconnaissance a quelquefois trahi sa modestie.

Une jeune mère de famille, atteinte d'une maladie mortelle, avait journellement dissipé le produit de son travail, par un luxe de toilette un peu déplacé dans sa condition. Elle se trouva donc réduite à la misère dès qu'elle n'eut plus la force de travailler. C'était une pauvre honteuse dans toute la force du terme. Plutôt mourir de faim que de faire à qui que ce soit l'aveu de son dénûment. M. le Curé fut bientôt informé, par la Dame de charité du quartier, de cette triste situation. Mais il fallait ménager la susceptibilité de la malheureuse, il lui porta donc régulièrement, sans témoin, son offrande. Ayant été retenu dans sa chambre par une indisposition de quelques jours, il n'oublia point sa protégée. Il donna donc un jour quinze francs à sa domestique, en lui disant : « Portez cette somme à la femme B… ; ne la lui donnez en présence de personne, pas même devant son mari. »

La jeune femme, longtemps rebelle à la confession, non par irréligion, mais parce qu'elle ne se rendait pas compte du danger de sa maladie, gagnée par tant de bonté, pria M. le Curé de la confesser, et mourut dans les sentiments d'une édifiante résignation.

Pour faire accepter ses aumônes aux pauvres honteux, M. Imberdis usait, à propos, de quelques petits stratagèmes qui indiquaient toute la délicatesse de ses procédés.

Il visitait, un jour, une jeune valétudinaire qui n'appartenait pas à la classe pauvre, mais dont la longue malade avait épuisé les petites économies. Près de la malade, se trouvait sa petite fille qui jouait avec son livre de classe. Selon son habitude à l'égard des enfants, M. le Curé fit réciter quelques prières à la fillette et déchiffrer quelques mots dans son syllabaire. Le petit livre était dans un tel état de vétusté que l'enfant avait grand'-peine à en rassembler les feuillets. « Il est usé, dit la mère en rougissant. — C'est une preuve que les doigts de la jeune écolière se sont promenés bien souvent dessus, » reprit aimablement M. le Curé. Et, prenant congé de la mère, il glissa adroitement sur la table une pièce de vingt francs. « Voilà de quoi remplacer le petit livre, dit-il ; et regardant l'enfant, mais à la condition que la petite fille étudiera bien sa leçon et aimera bien le bon Dieu et sa maman. »

« J'admirais, nous écrit un témoin, la délicatesse avec laquelle il assistait les pauvres honteux. Il y avait une personne de ma connaissance qui avait épuisé ses petites ressources pendant une longue maladie. Son charitable Pasteur la visitait et lui donnait des secours sans intermédiaire. Un jour, il lui apporta un pain de sucre caché dans les plis de son manteau. »

Un trait, qui rappelle la charité du saint évêque de Tours, trouve ici sa place.

C'était pendant l'hiver de 1854, M. le Curé faisait sa tournée de malades. Il entre chez un ancien employé du bas-chœur, atteint d'un asthme, et le trouve grelottant assis sur son lit. L'asthmatique expose à M. le Curé qu'il ne peut rester au lit et qu'une fois levé il se gèle devant son mauvais feu. « Vous n'êtes pas assez couvert, mon cher ami, » lui dit M. Imberdis. Le malade répond qu'il n'a pas d'autres couvertures. Alors, M. le Curé, plus parfait que saint Martin à l'une des portes de la ville d'Amiens, quitte adroitement l'ample manteau qui le protège contre le froid et le jette sur le patient, en lui disant : « Voilà de quoi vous tenir chaud. »

Le malade, confus d'une telle générosité, voulut que M. le Curé reprit au moins l'agrafe, qui était en argent. « Gardez-la, reprit-il, vous la vendrez quand vous irez mieux, elle servira à vous acheter quelques friandises. »

Les visiteurs du malade aperçurent le manteau, et lui-même ne laissait pas de dire, à tout venant, la belle action de son Pasteur.

« Un homme pauvre étant mort, raconte une personne, sa femme alla trouver M. le Curé pour savoir la somme qu'elle devait pour les frais des funérailles. M. le Curé lui répondit qu'il connaissait sa position et que tout avait été fait gratuitement, et, sortant sa bourse, il lui donna, en outre, une petite somme. La pauvre femme resta d'abord stupéfaite, puis elle insista pour lui remettre quelque argent, disant qu'elle aurait de la peine de ne pas faire prier pour celui qu'elle regrettait. M. le Curé la tranquillisa en lui promettant de prier également. »

L'indiscrétion de certains dépensiers besoigneux ne pouvait lasser sa générosité.

Une dame du monde, après de grands revers de fortune, fut contrainte, pour élever sa nombreuse famille, d'accepter un modeste emploi dans la ville. M. le Curé fut sa providence. Il comprenait, sans doute, qu'une personne de cette condition, accoutumée à la dépense et au luxe, ne pouvait facilement se résigner aux privations, et se départir totalement de ses anciennes habitudes. Le crédit de la dame était fort limité. Elle s'adressait donc à M. Imberdis et le priait de lui prêter telle ou telle somme.

« J'ai bien prêté quelquefois de l'argent, répondait M. le Curé, mais cette spéculation ne m'a pas réussi ; je ne prête plus, mais je donne. Et se rappelant, sans doute, un trait de la vie de saint François de Sales, il ajoutait : « Vous me demandez cent francs, tenez en voilà cinquante et n'en parlons plus. »

M. le Curé ne savait pas ou ne voulait pas réclamer les sommes qui lui étaient dues.

Un père de famille vint un jour le solliciter de lui prêter quinze cents francs. M. Imberdis n'avait pas cette somme à sa disposition, mais, croyant à une nécessité urgente, la fit prendre sur son patrimoine et la donna en échange d'un simple billet sur papier libre. Il ne fut plus question jamais de cette dette entre le créancier et le débiteur. Capital et intérêts sont restés impayés.

Deux personnes du commerce avaient aussi fait de fréquents emprunts à M. Imberdis. Un jour, elles jugèrent prudent de passer la frontière française, abandonnant aux hommes d'affaires magasin et marchandises. On ignorait la retraite des fugitives. Elles ne tardèrent pas à l'apprendre à M. le Curé, mais c'était pour faire appel à sa charité. A chaque supplication, il faisait un nouvel envoi d'argent. Cependant, il se lassa et finit par ne plus répondre aux indiscrètes solliciteuses. C'est peut-être la seule circonstance, durant sa longue carrière, où sa main, toujours si généreuse, se soit fermée. C'était vers la fin de sa carrière. Ses ressources n'augmentaient pas et ses charges grandissaient chaque jour. Il est à présumer que le charitable Pasteur avait trouvé le fond de sa longue bourse de toile.

Un malheureux qui avait, malgré ses égarements religieux bien connus, reçu de fréquents secours de M. Imberdis, n'osa, dans un nouveau et pressant besoin, s'adresser directement à lui. Il écrit à un de ses amis de la ville et le prie de porter, à M. le Curé, une petite lettre dans laquelle il réclame un prompt secours de son Pasteur. Le commissionnaire, par inadvertance, remet les deux lettres à M. Imberdis. Le malheureux, dans la première, déblatérait contre les prêtres en général et contre le Curé d'Aigueperse en particulier.

Après avoir lu les deux lettres, sans manifester aucun mécontentement, il remit une forte somme au commissionnaire, en lui disant : « Voilà comment on se venge selon l'Evangile. »

Il supportait avec une admirable patience les

importunités de certains pauvres hardis, qui se trouvaient à toute occasion à sa.rencontre. Chaque fois il leur donnait son offrande, et c'était ordinairement une pièce en argent.

Une vieille quêteuse de profession, dont les besoins, croyait-on, n'étaient pas en rapport avec son assiduité à tendre la main, avait pris l'habitude, chaque dimanche, à l'issue de la messe de huit heures, d'implorer, à la sacristie, l'assistance de M. le Curé.

Satisfaction lui était toujours donnée.

Une personne se permit de faire à M. Imberdis de respectueuses observations, lui disant que ses aumônes favorisaient le luxe, que les petites filles de l'indiscrète solliciteuse étaient mises comme d'élégantes demoiselles, et que, dans la famille, on se donnait des douceurs à ses dépens.

« Tant mieux, répondit-il, je suis bien aise de réjouir un peu ces braves gens le saint jour du dimanche. » Et il continua d'accueillir favorablement la vieille mendiante.

Elle fut aperçue une autre fois sortant de la sacristie, une pièce à la main, et allant de là acheter les premières cerises parues au marché. « Vous favorisez la gourmandise de cette vieille, dit une autre personne à M. le Curé. — Que voulez-vous, fit-il, si cette pauvre femme avait envie de cerises, ne fallait-il pas qu'elle s'accordât cette légère satisfaction ? Ne dois-je pas être heureux d'alléger quelquefois les privations de ces malheureux ? » Et il continua ses aumônes à la vieille femme.

On lui avait souvent fait les mêmes observations relativement à une famille du quartier de la Font-Barrat. Il voulut, un jour, se rendre compte de la justesse de ces petites dénonciations. Il alla donc, un dimanche soir, à la tombée de la nuit, frapper à la porte de la famille indiquée et qu'il avait secourue le matin. Il arriva fort à propos. On était à table, un copieux repas était servi. Il put, dans cette circonstance, juger de l'emploi que l'on faisait quelquefois de ses charités ; mais il préférait se tromper et être trompé plutôt que de s'exposer à priver d'assistance de vrais nécessiteux.

Pour le même motif, il ne tenait pas compte de la moralité de ceux qu'il secourait.

Une femme du peuple, dont la vie irrégulière était notoire, le priait chaque année de payer le loyer de sa maison, et, chaque année, M. Imberdis lui faisait cette charité. Il en prenait occasion pour lui faire de sévères remontrances, espérant, par ce moyen, l'amener à de meilleurs sentiments. Ses représentations restaient sans résultat ; il continua, néanmoins, jusqu'à sa mort, à payer le loyer de cette malheureuse.

On sait qu'il faisait la même aumône à plusieurs autres familles. Il apprend, un jour, que deux pauvres femmes ont été invitées, par l'huissier, à payer leur loyer échu depuis quelque temps. Il se rend aussitôt chez cet homme d'affaires et paie les loyers et les frais.

Une autre fois, il voit venir à lui, dans la rue, une personne le visage consterné ; il lui demande la cause de sa tristesse, et apprend qu'elle est obligée de quitter la maison qu'elle habite parce qu'elle n'en peut payer le loyer. « Venez me trouver dans un instant, » lui dit-il, et il lui remit, dans sa chambre, la somme réclamée, qui était de cent francs.

Les mendiants nomades profitaient également des libéralités de M. Imberdis.

La charité bien connue des habitants d'Aigueperse, la distribution d'aliments faite à l'hospice ont toujours valu, à cette ville, la présence de familles de Bohémiens et le passage de nombreux ouvriers se disant sans travail.

M. le Curé ne refusait jamais l'aumône à ces étrangers. Son offrande dépassait même quelquefois les limites d'une sage modération. On trouve cette charité dans la vie des Saints.

Un jour, en sortant de la communauté de la Miséricorde, il est accosté, en présence de Mme la

Supérieure, par un jeune homme. « Vous n'avez donc pas de travail, mon ami, lui dit M. Imberdis. — Non, répondit l'étranger, je suis ouvrier terrassier, je ne trouve du travail nulle part, et cependant j'ai faim, et voyez comme je suis mal vêtu. »

M. le Curé sortit son porte-monnaie et le versa tout entier dans les mains du pauvre homme. « Qu'avez-vous fait, Monsieur le Curé, dit Mme la Supérieure. C'est assurément un fainéant, un rouleur que vous venez d'assister. — Si c'est un rouleur, reprit agréablement M. Imberdis, il roulera un peu plus commodément à présent. Aussi bien, sa pauvre chaussure atteste qu'il a marché longtemps. »

Ainsi, chaque fois, M. le Curé réfutait, par d'aimables et spirituelles reparties, les remarques qu'on lui faisait, mais il ne modifiait pas d'un iota ses habitudes charitables.

CHAPITRE XVII

M. IMBERDIS ET LES BONNES ŒUVRES — LES OUVRIERS
— SON DÉSINTÉRESSEMENT

M. Imberdis se rendait le témoignage de n'avoir jamais opposé de refus à une demande de secours, sous quelque forme qu'elle lui fût présentée.

On le savait dans la ville et au loin. On abusa quelquefois de sa générosité. Les personnes chargées de faire des quêtes ou de recueillir des souscriptions, pour des œuvres locales ou même étrangères à la paroisse, se présentaient chez lui avec confiance et se retiraient toujours satisfaites de son offrande.

Par son exemple, M. le Curé avait donné à la générosité de ses paroissiens un élan extraordinaire. Formées à son école, les familles riches ne se lassaient point de donner. Chaque année, les Enfants de Marie organisaient une loterie, tantôt pour assister les pauvres, tantôt pour vêtir les enfants indigents de la première communion. C'était toujours avec un plein succès. M. le Curé se réjouissait de l'initiative de ses jeunes parois-siennes, encourageait leurs charitables et pieuses industries, visitait l'exposition des lots, compli-mentait les laborieuses organisatrices, et, avec le tact exquis qu'on lui a connu, faisait envisager le côté surnaturel et méritoire de l'œuvre.

La visite et les affectueuses paroles du Pasteur vénéré comblaient de joie les ouvrières des pau-vres, et leur étaient une large récompense.

Il ne manquait jamais d'offrir des lots. C'était quelquefois des objets d'une réelle valeur : un cou-vert en argent, une douzaine de cuillères à café en vermeil qui n'avaient point encore paru à sa table, un tableau ou tout autre objet dont on lui avait fait don pour sa chambre.

Il prenait, en outre, des billets. On remarquait, le jour du tirage, que la chance le favorisait ; mais tout le monde savait qu'il devait cette bonne fortune au grand nombre de billets qu'il avait pris. Le hasard lui assignait quelquefois des lots dont l'usage contrastait avec son âge et sa position. C'était alors une explosion de rires dans la joyeuse assemblée. M. le Curé les acceptait avec sa spirituelle bonhomie ordinaire, et jouets et vêtements d'enfants, gagnés par le bien-aimé pasteur, faisaient bientôt le bonheur de quelques enfants pauvres.

La générosité de M. Imberdis éclatait en toute circonstance et toujours avec une délicatesse égale à sa bonté.

La veille de l'ouverture du mois de Marie, les élèves de l'école gratuite du couvent de la Miséricorde voient se briser, par la maladresse de l'une d'entre elles, la statue de la Sainte Vierge qui ornait leur classe. Les jeunes écolières sont inconsolables. M. le Curé en est instruit. « Qu'elles ne pleurent plus, dit-il, les chères petites. » Et, s'adressant à une des religieuses qui, ce jour-là, allait à Clermont : « Portez une belle, bien belle statue de la Sainte Vierge pour notre école gratuite. Ne vous arrêtez point devant le prix, vous pouvez aller jusqu'à trente francs. »

Le lendemain, les petites filles des pauvres admiraient, sur leur petit autel, une gracieuse statue de leur Mère du ciel.

Une religieuse de la Miséricorde qui avait, pendant de longues années, donné ses soins aux linges sacrés et au maître-autel, vint à mourir. M. le Curé voulut, dans un sentiment de gratitude pour tous ses religieux services, lui assurer une place spéciale au champ des morts, et acheta, à cet effet, une concession pour recevoir la dépouille de l'humble servante de l'église.

A l'époque d'une tournée de confirmation faite par Monseigneur Féron, la fille d'un honnête gendarme se trouvait retenue au lit par une longue maladie. Monseigneur Féron eut la bonté d'aller à la caserne confirmer cette jeune fille. Quand elle fut guérie, M. le Curé conduisit le père et la jeune fille chez Monseigneur pour le remercier et fit les frais du voyage et du dîner. Le brave militaire, vivement touché de ce délicat procédé, remplit, à dater de cette époque, ses devoirs de chrétien.

Un jour, M. Imberdis se trouvait à Ambert, à l'époque de l'installation des orgues. M. Cosse, curé, fit un dernier appel à la générosité de ses paroissiens. « Mon cher curé, lui dit M. Imberdis après la messe, je ne veux pas que vous ayez prêché dans le désert, pour vos belles orgues. Vous irez prendre deux cents francs à la banque de mes neveux. »

Toutes les œuvres recommandées par le Souverain Pontife et par Monseigneur étaient bien accueillies par M. le Curé d'Aigueperse, et il les établissait aussitôt dans sa paroisse. Les œuvres de la Propagation de la Foi, de la Sainte-Enfance, de Saint-François de Sales et bien d'autres furent connues et prospères, à Aigueperse, dès les premières années de leur établissement dans le diocèse. Les cotisations de la paroisse de Notre-Dame d'Aigueperse ont toujours occupé une place honorable dans les comptes-rendus diocésains.

La fête de la Sainte-Enfance se célébrait avec une solennité extraordinaire. Comme ce vénérable ami de l'enfance était heureux de grouper à l'église, autour de la statue de l'Enfant-Jésus, sa petite famille des écoles! Après le sermon, toujours il avait un mot affectueux à dire à ses chers petits paroissiens, à leurs maîtres, à leurs mères.

M. le Curé d'Aigueperse ne connaissait point cet esprit étroit qui veut circonscrire le bien dans les œuvres locales ou personnelles. On pouvait compter sur son concours pour les œuvres étrangères à sa paroisse, lorsqu'on les lui recommandait. Quelques-uns de ses anciens vicaires n'ont pas fait vainement appel à sa générosité.

Les paroisses voisines sont aussi venues frapper à sa porte.

Quelques années avant qu'il fût question de laïcisation dans la loi française, la municipalité de Gannat, qui avait, disait-on, besoin de refaire sa popularité par une manifestation antireligieuse (1), laïcisa son école communale congréganiste. Pour établir une école libre, les bons Frères et leur Comité eurent recours à la générosité de leurs voisins d'Aigueperse. M. Imberdis souscrivit pour une somme relativement importante, et il indiqua lui-même les maisons de sa paroisse, où les membres du Comité pouvaient se présenter en toute assurance.

Les religieux quêteurs trouvaient aussi bon accueil auprès de M. Imberdis.

La ville d'Aigueperse, située sur une route nationale et une ligne de chemin de fer, doit à ces voies faciles de communication la fréquente visite de Sœurs et de Frères quêteurs.

M. le Curé donnait l'hospitalité aux religieux, quelquefois pendant plusieurs jours, et ne les congédiait jamais sans leur avoir fait une aumône, qui dépassait bien souvent leurs espérances.

Quand quelques personnes de la paroisse, mises au courant de ces libéralités, se permettaient de lui faire part de leur étonnement, il se contentait de répondre : « Plus je donne, plus Dieu me

(1) Le maire de Gannat signa l'expulsion des Frères des Ecoles chrétiennes et souscrivit pour l'établissement d'une école libre.

donne; je n'ai jamais manqué de rien, ni pour mes pauvres ni pour moi. Je me confie en la divine Providence. »

Un jour, deux religieuses quêteuses des Franciscaines de Royat se trouvaient au couvent de la Miséricorde. M. Imberdis, qui venait de dire la sainte Messe, entra dans la salle de communauté et s'entretint quelques instants avec les bonnes Sœurs. Contre son habitude, il ne leur fit pas d'abord son offrande qu'elles-mêmes ne sollicitèrent pas; mais, à peine fut-il rentré au presbytère, qu'il fit remettre à Mme la Supérieure une lettre dans laquelle étaient deux billets de cent francs.

« Je viens, disait-il, de trouver en rentrant chez moi ces deux chiffons de papier qui m'embarrassent. Veuillez, ma bonne Mère, en garder un pour vous, à cause de vos constructions, et donner l'autre à Mme Rochette pour ses pauvres. »

Les quêteurs, ordinairement bien informés des habitudes de bienfaisance des meilleures familles de la Ville et du crédit dont jouissait auprès d'elles M. le Curé, ne manquaient pas de s'autoriser de sa recommandation. C'était le moyen le meilleur pour se faire accueillir avec bienveillance et générosité.

Cependant M. Imberdis savait qu'il ne faut

point dépasser les limites d'une sage discrétion, même auprès des personnes les plus charitables; pour éviter ces inconvénients, il préférait faire quelquefois lui-même de plus grands sacrifices personnels.

Il raconte familièrement à une personne amie comment il se débarrassa d'un Frère quêteur.

C'était au mois d'octobre de 1864, l'année qui précéda la construction des nefs de l'église.

« Nous avons reçu aujourd'hui, écrivait-il, la visite d'un petit Père trappiste bossu et contrefait, de manière à en faire une vraie caricature. Il est parfaitement autorisé de ses supérieurs et de Monseigneur de Clermont. Il voulait, demain, prêcher à toutes messes et puis y faire la quête pour son couvent situé en Savoie. Je ne savais trop comment lui refuser ce que mon évêque lui permettait. D'un autre côté, je prévoyais le mauvais effet que son apparition produirait dans la paroisse dans les circonstances où nous nous trouvons. Je lui ai proposé d'accepter cinquante francs et de nous dispenser de ses sermons et de sa quête. Il a accepté avec empressement et je viens de le mettre en wagon à ma grande satisfaction.

» Je crois son œuvre très bonne, mais sa quête me paraissait fort inopportune dans un moment où toutes nos ressources sont nécessaires pour l'achèvement de notre église. »

Cette manière de congédier ses hôtes n'était que l'exception. Il lui arriva une fois d'héberger, pendant plusieurs jours, deux chevaliers d'industrie déguisés en franciscains. Les faux religieux faisaient, pendant le jour, leur tournée dans la Ville et les environs et venaient le soir passer la nuit à la cure. Ils furent arrêtés quelques jours plus tard à Thiers sur la dénonciation de M. Boivin, négociant à Clermont.

« J'avais bien quelques doutes au sujet de ces bons moines, dit M. le Curé, quand on lui apprit cette arrestation ; dès qu'ils étaient rentrés dans leur chambre, après les repas, je les entendais rire aux éclats. »

Si, pour l'aumône et les bonnes œuvres, M. le Curé donnait indistinctement à tous, il n'en était point ainsi pour les travaux de l'église et ses acquisitions personnelles, il s'adressait de préférence à ses paroissiens.

Les ouvriers de la ville d'Aigueperse garderont longtemps le souvenir de sa bienveillance et de ses libéralités.

Quelques personnes trouvaient que les notes de ces honnêtes travailleurs étaient quelquefois un peu trop chargées, mais M. Imberdis ne savait pas ou ne voulait pas entrer dans ces détails et débattre les prix. Il soldait les factures telles qu'on les lui présentait.

Un jour, un employé lui présenta une note. On y lisait : un voyage, 2 francs; un autre voyage 2 francs. « Quels sont donc les voyages dont il est ici question, dit M. le Curé. — Je suis venu vous dire que tout était prêt à l'église. — Ha! répliqua M. Imberdis, vos pas sont bien payés, » et il acquitta la note.

Il convenait qu'il pourrait réaliser des économies en s'adressant à des ouvriers ou à des commerçants étrangers, mais il n'en restait pas moins pour ses paroissiens un client fidèle.

Cette fidélité à ses yeux était une sorte d'apostolat, et, pour lui, le salut des âmes primait toute considération matérielle.

L'ouvrier, le fabricant, le négociant qui avaient été en rapport d'affaires avec M. le Curé, n'étaient point surpris de recevoir sa visite lorsqu'ils étaient malades. Les voies étaient préparées de longue main, et il était facile au zélé pasteur de faire accepter alors son ministère et les secours de la Religion.

Combien de conversions, grâce à cette industrie, ont consolé son cœur d'apôtre!

Toujours dans le même pieux dessein, M. Im-

berdis ne tenait point compte des sentiments religieux des ouvriers qu'il employait. Il semblait
même donner parfois la préférence aux plus irré-
ligieux. Ainsi il faisait connaître le prêtre et dis-
paraître bien des préjugés.

Dans ces relations d'affaires, il ne se départait
point de son habituelle gravité. Il se montrait
aimable, affectueux, condescendant, mais avec
cette constante dignité qui commandait à tous le
respect. Il n'engageait point d'entretiens inutiles
et suivis. Il racontait quelquefois à ces braves
gens, avec sa grâce et son talent ordinaire, une
histoire édifiante ou amusante, et quand le dernier trait, destiné à provoquer l'hilarité ou l'admiration, était lancé, il saluait et se retirait.

Les ouvriers le vénéraient; ils étaient heureux
et fiers de travailler pour lui. Combien de fois
n'ont-ils pas fait entendre cette courte et élo-
gieuse exclamation : Quel brave homme! Quel
bon père !

« Non, on n'en fera jamais assez pour ce saint
homme, disait un autre ouvrier, la veille des noces
d'or de M. Imberdis, on n'en fera jamais assez; il
n'y en a plus comme lui. » Et, ce disant, il laissait
échapper de grosses larmes.

Les pauvres, les quêteurs, les ouvriers, les séminaristes, les religieux et les Frères chargés des

écoles puisaient dans la bourse de M. le Curé d'Aigueperse, et cette bourse subvenait à tout.

C'était, comme celle de M. Hamon, curé de Saint-Sulpice, un sac de toile. En le remettant à l'un de ses vicaires, la veille de sa mort, il lui dit : « Voici une bourse ; si vous saviez combien elle a contenu d'argent !... Je n'ai rien gardé. »

Cette bourse était alimentée par les dons des personnes pieuses de la Ville, qui se plaisaient à faire passer leurs charités par les mains de leur saint pasteur, par les revenus de la cure et le patrimoine de M. le Curé. Il finit à peu près de sacrifier pour la restauration et l'embellissement de l'église ce qui lui restait de son patrimoine.

« Je ne veux, disait-il aux Sœurs de la Miséricorde, je ne veux garder de ce que m'ont légué mes parents, que *juste* ce qu'il me faut pour n'être pas à charge, dans mes vieux jours, à la maison de retraite des prêtres. Dix mille francs, devant me procurer un revenu de cinq cents francs, me suffiront pour payer une pension. »

Il ne réserva pas même cette somme. Dans la suite, il prit encore sur ce modeste reliquat. « Eh bien ! maintenant, disait-il vers la fin de sa vie, nous ne pouvons plus espérer que d'aller mourir à l'hôpital, mais nous mourrons content. »

La veille de sa mort, il disait encore à l'un de

ses vicaires : « Je ne suis pas riche, je ne laisse presque rien ; j'ai bien prêté quelquefois de l'argent, mais on ne m'a jamais rien rendu. »

M. Imberdis voulait d'ailleurs mourir dépouillé des biens de la terre, qu'il n'avait aimés qu'autant qu'ils lui fournissaient le moyen de faire des bonnes œuvres.

Craignant, dans une de ses maladies, de succomber à une laryngite aiguë, il dit à sa domestique : « Ouvrez mon secrétaire, prenez ce qui me reste de finances et portez-le à la Mère supérieure de l'hôpital, je veux mourir pauvre. »

Toute sa vie, il fut d'un remarquable désintéressement. Une personne de sa paroisse acheta, pour la lui offrir, une magnifique chapelle mise en vente par un chanoine du diocèse. M. le Curé la refusa pour lui ; la chapelle fut donnée à la fabrique de son église.

CHAPITRE XVIII

ZÈLE PASTORAL DE M. IMBERDIS POUR LA CONVERSION DES PÉCHEURS — ÉTABLISSEMENT DE LA COMMUNAUTÉ DES SŒURS GARDE-MALADES DE BON-SECOURS

Le principal but du ministère pastoral est le salut des âmes. Les œuvres créées pour le soulagement corporel des malheureux doivent, dans la pensée du prêtre, atteindre un autre but bien plus important : celui de les gagner à Dieu.

La mission du prêtre en ce monde n'est autre que celle du divin Maître, venu sur la terre pour donner aux hommes avec abondance la vie de la grâce (1), pour chercher et sauver ceux qui étaient perdus par le péché (2).

(1) Joan., X, 10.
(2) Luc, XIX, 10.

M. Imberdis, dès qu'il eut reçu l'onction sacerdotale, comprit ce rôle sublime du prêtre, et fut dévoré toute sa vie du zèle du salut des âmes. Et Dieu lui avait donné, à un éminent degré, le don précieux de les toucher, de gagner leur confiance et de les convertir.

Durant les cinquante-huit années de son sacerdoce, il eut la consolation de pouvoir aborder les malades les plus difficiles et de les réconcilier avec Dieu.

« Depuis que je suis prêtre, disait-il, je n'ai jamais eu de refus définitif auprès des pécheurs où l'accomplissement de mon ministère m'avait appelé... Pas une âme ne m'a échappé, j'en bénis le bon Dieu. »

Ce n'est pas à dire qu'il n'a point rencontré de résistance. Il a dû se rappeler quelquefois et mettre en pratique le conseil de saint Paul à son disciple Timothée : Pressez les hommes à temps et à contre-temps, reprenez, suppliez, menacez en toute patience.

Sa patience fut mise entre-temps à de rudes épreuves. C'est lui qu'on appelait, dans la paroisse, auprès des malades qui avaient manifesté le plus d'éloignement des pratiques de la religion et d'hostilité contre les prêtres.

Il n'attendait pas d'ailleurs qu'on l'avertît. Dès

qu'il savait un malade difficile en danger de mort, il allait aussitôt à la recherche de cette brebis égarée.

Il est bon de citer ici quelques-unes de ces conversions laborieuses.

Qui n'a entendu parler à Aigueperse de la fin si chrétienne du commandant Chaucheprat ? Ce militaire, qui avait gagné bravement tous ses galons à la pointe de son épée, avait combattu à peu près sur tous les champs de bataille du premier Empire. Mais, au milieu du bruit des armes, il avait oublié, ou du moins bien négligé le Dieu de sa première communion. Il vivait dans la retraite, entouré de l'affection de sa famille et de l'estime publique, sans profiter de ces jours de repos mérité pour revenir aux pratiques religieuses de ses pères.

Il avait néanmoins pour son curé un profond respect. Plusieurs fois ils s'étaient assis ensemble à la table de Mme Adélaïde, au château de Randan. Le bon Pasteur, fidèle à ne point éteindre la mèche qui fume encore, avait constamment fait preuve de prévenance à l'égard de son paroissien, comptant bien gagner un jour à Dieu le loyal soldat.

Quand le vieux commandant fut malade, il reçut la visite de M. le Curé plusieurs fois.

Un soir, après s'être confessé et avoir réglé

qu'il recevrait les derniers sacrements le lendemain, il convoqua ses amis de la Ville à cette suprême cérémonie. Presque tous se firent un devoir de bienséance d'y assister.

M. le Curé fit une touchante exhortation. Le malade, évoquant toute la foi de ses jeunes années, fit aussi ses réflexions.

Qui, du soldat ou du prêtre, avait eu l'initiative de cette émouvante cérémonie? Quoi qu'il en soit, le dernier rempart du respect humain de la bourgeoisie venait de recevoir une formidable brèche dans la paroisse.

Un ancien négociant, connu par son impiété, avait une épouse qui partageait entièrement son hostilité pour la Religion. Il fut atteint d'une maladie grave. M. le Curé, instruit par la rumeur publique du danger que courait le vieux pécheur, se mit en prières. Puis il alla prendre lui-même de ses nouvelles. Il ne fut pas reçu. Une deuxième, une troisième visite suivirent et demeurèrent tout aussi infructueuses.

Chaque fois la vieille dame mettait obstacle aux démarches de son Pasteur.

M. Imberdis néanmoins ne perdit point espoir. Tout confiant dans le secours du Ciel, il mit en prières toute la communauté de la Miséricorde, élèves et maîtresses. Il redoubla lui-même ses instances auprès de Dieu et tenta une quatrième visite qui, cette fois, eut un plein succès.

Usant tour à tour alors de bonté, d'insinuation, de sainte fermeté auprès de la femme d'abord, ensuite auprès du mari, il eut le bonheur de les gagner tous les deux. Le mari reçut les derniers sacrements et édifia autant à sa mort qu'il avait scandalisé pendant sa vie. La dame déplora ses longs égarements, fut fidèle à remplir ses devoirs de chrétienne et pria elle-même, à sa dernière maladie, M. le Curé de lui accorder tous les secours de la Religion.

Quand les malades éloignés de Dieu étaient pauvres, M. Imberdis ajoutait l'aumône à la prière.

Avec ces deux clefs il s'ouvrait tous les cœurs.

La charité mène à Dieu, disait-il souvent.

Il savait par expérience que si l'aumône obtient la conversion de celui qui la donne, elle ramène aussi très souvent à Dieu le pécheur qui la reçoit de la main du prêtre. Par ses charités assidues, M. Imberdis opérait ce que de pressantes exhortations ne pouvaient obtenir.

Un ouvrier originaire de la ville d'Aigueperse, après un long séjour à Paris où il avait perdu son fils, sa femme et la santé, revint habiter dans sa ville natale. Il avait respiré une atmosphère doublement empoisonnée : il apportait de la grande cité une haine profonde contre la Religion et ses ministres et il était atteint d'une phtisie qui le consumait lentement. Bientôt il eut épuisé son modeste avoir et dut accepter les aumônes et les services gratuits des personnes charitables du voisinage.

M. le Curé le visitait de temps en temps ; le malade le recevait poliment, mais avec une défiance à peine déguisée qui laissait entendre qu'il ne fallait point parler de confession. Dans une de ses visites, M. le Curé trouva le malade seul et endormi. La chambre avait une odeur insupportable ; mais ce n'était point un motif suffisant pour rebuter le bon Pasteur. Il entra sans bruit et se mit à genoux devant la cheminée. Le malade se réveilla et l'aperçut qui priait. Cette vue le troubla et l'émut profondément.

Il raconta, les larmes aux yeux, la visite de M. le Curé et comment il l'avait vu prier et doucement sortir sans le regarder. Son étonnement grandit encore lorsque les personnes qui le servaient lui montrèrent une pièce d'or laissée sur la cheminée par le charitable Pasteur.

Dès lors le malade fut gagné ; tous ses préjugés tombèrent d'eux-mêmes, sans discussion ; il se confessa et mourut en chrétien.

Il fallait parfois de longues années d'instances

auprès de certains pécheurs pour les tirer du désordre et les ramener à la vie chrétienne. M. Imberdis comptait sur la prière persévérante et ne se décourageait jamais.

Un ménage irrégulier fut pendant plus de vingt ans un sujet de scandale dans la Ville. M. le Curé en était amèrement affecté. Bien des visites à ces pauvres égarés dans le but de les amener à régulariser, devant Dieu et l'Eglise, leur situation, étaient demeurées inutiles.

A la fin l'homme devint malade. M. le Curé, selon sa pieuse habitude dans ces circonstances difficiles où il fallait un miracle de la grâce, mit quelques personnes en prières et s'en alla frapper à la porte des deux associés.

Ce devait être la dernière fois. Ses sages conseils furent enfin écoutés. On consentit à recevoir là, en présence de témoins, la bénédiction nuptiale, mais à la condition que le charitable prêtre promettrait de faire lui-même tous les frais de ce tardif mariage. Ce n'était pas trop demander à sa générosité et il accomplit sa promesse à la lettre.

Anneau, vêtements neufs et festin furent à sa charge, à la grande édification des voisins.

Ces longues résistances de certains malades, plusieurs fois renouvelées, et capables de déconcerter un zèle moins constant et moins autorisé que le sien, firent comprendre à M. Imberdis qu'il fallait assurer au prêtre, auprès des malades, un concours que ne pouvaient lui donner des mains mercenaires.

Sa longue expérience lui avait appris aussi que souvent les familles, même chrétiennes, désespérées de voir un de leurs membres atteint d'une maladie dangereuse, absorbées par le chagrin, ou craignant de frapper le malade par la visite prématurée du prêtre, négligeaient de lui faire recevoir les derniers sacrements en temps opportun.

Sous cette impression, il eut la pensée de doter sa paroisse d'une communauté de Sœurs gardemalades.

C'était en 1878. Il avait alors près de quatrevingts ans, mais le Ciel bienveillant semblait lui promettre encore des années d'une verte vieillesse. Il avait d'ailleurs pour devise que nos œuvres méritoires doivent se multiplier avec le nombre de nos années.

« Quand il entre, écrivait-il, dans les desseins de Dieu de nous laisser en ce monde et de prolonger nos jours, nous devons considérer ce temps de la vie comme le moyen de nous enrichir, et multiplier des œuvres qui honorent Dieu et sont méritoires pour nous. »

La Congrégation des Sœurs de Notre-Dame de

Bon-Secours lui paraissait devoir parfaitement répondre à ses vues.

Cette Congrégation avait pris naissance dans la paroisse de Notre-Dame du Port.

Deux pieuses filles, chargées du soin des linges sacrés de l'église, se réunirent, d'après les conseils de M. le curé Mouillaud, pour travailler ensemble et en même temps pour aller visiter les malades pauvres et les préparer à recevoir les derniers sacrements. Une troisième vint se joindre aux deux premières et partager leurs travaux.

M. Mouillaud leur proposa un règlement de vie. Bientôt quelques autres jeunes personnes vinrent augmenter le nombre de la communauté naissante.

En 1856, elle fut canoniquement approuvée par Monseigneur Féron et prit le nom de Congrégation de Notre-Dame de Bon-Secours.

Les religieuses de Bon-Secours étaient déjà avantageusement connues à Clermont, quand M. Imberdis alla demander, à la Supérieure générale, trois Sœurs pour sa fondation d'Aigueperse.

Sa proposition fut favorablement accueillie. Les préparatifs étaient faciles à faire ; les bonnes Sœurs ne se montraient pas exigeantes ; on ne demandait qu'un modeste logement et seulement loué. M. le Curé se chargea de trouver une maison convenable et d'en payer le loyer.

Le 14 janvier 1879, trois Sœurs, conduites par la Mère Antoinette, supérieure générale, arrivaient à Aigueperse.

M. Imberdis leur fit un accueil tout paternel; mais comme il avait l'habitude d'agir sous le regard de Dieu, avant de les accompagner dans la maison qu'elles devaient occuper, il leur recommanda de se rendre à l'église pour demander la bénédiction de Notre-Seigneur au très Saint-Sacrement, « afin que vous puissiez faire ici beaucoup de bien, ajouta-t-il. »

Cette première entrevue fit sur les Sœurs une profonde impression. Elles comprirent que le saint prêtre ne leur demandait pas seulement des soins pour le corps, mais qu'il avait surtout à cœur le salut des âmes.

Quelques instants après, les Sœurs Vincent, supérieure, Saint-Bernard et Adrienne prenaient possession de leur modeste et solitaire habitation non loin de l'église paroissiale. Cette maison rentrait, momentanément du moins, dans sa primitive et pieuse destination. C'était autrefois une dépendance du monastère de l'*Ave-Maria* de Sainte-Claire.

Les religieuses de Bon-Secours gardent le précieux souvenir de la bonté pleine de sollicitude de M. Imberdis. Il s'informait de leurs moindres besoins, s'occupait lui-même de faire connaître les Sœurs aux diverses familles de la Ville et l'œuvre admirable à laquelle elles consacrent leur existence.

« N'est-ce pas, disait-il un jour à une malade qui louait la bonté des Sœurs, n'est-ce pas qu'un tel dévouement a quelque chose de céleste ? »

Le plus souvent les malades gardés par les religieuses étaient pauvres. Alors il voulait qu'elles pussent elles-mêmes offrir à ces malheureux quelques petites douceurs, et, à cette fin, il leur confiait une petite somme en disant avec son gracieux sourire : « Je regrette ne pouvoir faire davantage. »

Il les engageait, dans ses pieux entretiens, à marcher résolument dans la voie du dévouement et du sacrifice que demande leur sublime vocation. Il leur faisait envisager, avec les yeux de la foi, la pratique des œuvres de charité et la perspective des récompenses éternelles.

Il aimait à répéter gracieusement aux Sœurs qu'au dernier jour le bon Dieu n'examinera pas les divers degrés de diplômes, mais bien l'exercice de leur œuvre. « L'Evangile le porte formellement, ajoutait-il : Venez, les bénis de mon père, j'ai été malade et vous m'avez visité. »

Les témoignages de sympathie dont les Sœurs

étaient l'objet, dans toutes les classes de la société, furent unanimes. Le bienfaisant Pasteur avait, une fois de plus, mérité la reconnaissance et les bénédictions de ses paroissiens.

Pendant sa dernière maladie, les Sœurs de Bon-Secours furent appelées à le servir. Quelques instants avant sa mort il les bénit avec une indicible bonté; et, les remerciant de leurs soins dévoués, il leur dit avec un profond soupir : « Je suis bien content que vous soyez établies ici..., je n'ai qu'un regret, mais il est bien grand, je vous laisse sans logement; j'aurais bien désiré vous laisser une maison qui vous appartînt... Le bon Dieu y pourvoira, car, du haut du ciel, je prierai beaucoup pour vous (1). »

(1) Renseignements donnés par les Sœurs de Bon-Secours.

CHAPITRE XIX

ZÈLE DE M. IMBERDIS POUR LA CONVERSION ET L'AVAN-
CEMENT SPIRITUEL DE SES PAROISSIENS — LES MIS-
SIONS — LES CONFRÉRIES — LES CONFESSIONS

« Oh ! si l'on faisait, pour son âme immortelle, la moitié de ce qui est fait pour le corps, il n'y aurait que des saints sur la terre. »

Ce désir, exprimé par M. Imberdis, se fût réalisé dans sa paroisse, si les volontés eussent répondu à son zèle ardent.

Par tous les moyens que la Religion met à la disposition de ses ministres, il s'appliqua constamment à conduire son peuple dans les voies du salut éternel.

Il procura plusieurs fois à sa paroisse le bienfait d'une mission ou d'une station, pendant le temps de l'Avent ou du Carême. Religieux, missionnaires du diocèse, prêtres séculiers de Clermont ou de Moulins évangélisèrent sa paroisse.

Il annonçait solennellement à l'avance ces exercices spirituels, faisait l'éloge des apôtres que l'on aurait l'avantage d'entendre, et recommandait le succès de leur ministère aux prières des âmes pieuses.

Pendant l'Avent de 1856, les Pères Jésuites donnèrent une mission. A ce moment, ses finances n'étaient pas dans une situation prospère ; il avait déjà fondé les écoles des Frères et des Religieuses. Il fait donc discrètement appel au concours de quelques personnes.

« Vous comprenez, écrivait-il, qu'on est obligé de donner des honoraires à ces bons missionnaires qui ont fait vœu de pauvreté, il est vrai, mais qui ont besoin de vivre en travaillant. Pour cela, j'ai besoin que quelques personnes me viennent en aide ; or, j'ai pensé à vous, et je ne crois pas avoir trop présumé de votre zèle pour les bonnes œuvres en comptant sur votre concours... Vous aurez donc la bonté de consulter vos finances et de me faire connaître, le plus tôt possible, pour combien vous voulez contribuer à cette œuvre toute sainte. On est d'ailleurs si heureux de faire quelque bien pendant sa vie et de grossir son trésor pour le ciel, que nous devons regarder comme une bonne fortune l'occasion de procurer la gloire de Dieu et d'ouvrir le paradis à quelques âmes pour lesquelles Jésus-Christ est mort. »

M. Imberdis eut à se féliciter des résultats obtenus par les dignes fils de saint Ignace. Plusieurs retours à Dieu apportèrent une grande joie au sein de quelques familles ; joie vivement sentie par le Pasteur. Il en bénissait le ciel et invitait les personnes qui avaient partagé ses prières et ses sacrifices à partager sa satisfaction et ses actions de grâces à l'Auteur de tout bien.

« Nous avons bien des actions de grâces à rendre au bon Dieu pour les heureux résultats de notre mission. Elle a produit des fruits abondants de salut, et j'espère qu'ils seront durables. Evidemment nous devons ce succès extraordinaire aux prières qui ont été faites pour la conversion des pécheurs.

» Veuillez, M. N., remercier pour nous le Seigneur, vous le devez spécialement pour la faveur qu'il a accordée à votre bon père, en le rendant complètement chrétien. Dieu vous a donné une marque privilégiée de sa bonté. »

Dans la suite, M. Mourlon, chanoine de Moulins, prêcha une station.

En 1868, trois missionnaires du diocèse, MM. Chardon, Randanne et Moulin, donnèrent une mission ; plus tard, les Pères Rédemptoristes de Gannat et bien d'autres.

Durant ces temps de salut, M. le Curé mettait tout en œuvre pour attirer ses paroissiens à l'église : l'éclat des cérémonies, la beauté des chants, la richesse des décorations, les appels multipliés, la prière ; la prière commune surtout, faite avec les accents de la foi vive qui le caractérisait.

La divine semence, jetée par ces hommes de Dieu, était quelquefois lente à mûrir dans certaines âmes, le bon Pasteur l'arrosait, la cultivait, par toutes les industries d'un zèle intelligent et discret.

Les Confréries établies dans la paroisse fournissaient un moyen de persévérance en donnant un aliment à la piété des personnes plus ferventes.

Ces Confréries étaient nombreuses. Il y avait la Confrérie du Saint-Sacrement, du Sacré-Cœur de Jésus, du Saint-Rosaire, du Scapulaire, de Notre-Dame de Bonne-Mort ou des Sept-Douleurs (1).

Nombreux aussi étaient les Associés. C'était une

(1) A son arrivée à Aigueperse, M. Imberdis trouva quelques survivants de l'ancienne Confrérie de Saint-Eloi, composée d'ouvriers ; mais l'indifférence qui régnait dans la classe ouvrière ne lui permit pas de réorganiser cette association.

armée d'élite qui secondait les efforts du Pasteur par l'apostolat d'une vie édifiante et d'une généreuse participation aux bonnes œuvres paroissiales.

Dans les entretiens particuliers adressés aux membres de ces Confréries, M. le Curé épanchait avec plus d'effusion son cœur de Pasteur et de père. Sa voix prenait alors l'accent pénétré d'une âme que le zèle dévore. Sa parole, religieusement écoutée, trouvait parmi ses auditeurs un écho fidèle qui la répétait dans les familles aux quatre coins de la ville.

Il raconte simplement lui-même combien ces pieuses réunions l'édifient et le consolent.

« Figurez-vous, écrivait-il un soir de la fête du Rosaire, qu'il m'est venu dans la tête de faire une réunion de toutes les couronnes du Rosaire vivant. Je l'ai annoncé ce matin, à la grand'messe, pour cinq heures du soir, et je viens de contempler un des plus consolants spectacles que puissent nous offrir nos pieuses cérémonies. Mon petit mot du matin a produit son effet et notre église s'est presque remplie de personnes dévouées à Marie; je n'ai pu m'empêcher de témoigner ma satisfaction de voir le zèle et le recueillement de cette édifiante assemblée. »

Les fêtes des Confréries amenaient au tribunal

de la pénitence un grand nombre de personnes. Les confessions devenaient fréquentes pour maintes pénitentes. Toutes les âmes dont il avait la direction lui étaient spécialement chères et il le montrait par les soins dévoués qu'il en prenait.

Pendant longtemps, il passa une grande partie de ses matinées au confessionnal, où il recevait aussi, ajoute un témoin, « les étrangers qui venaient de loin réclamer ses conseils. » Il prenait alors son modeste déjeuner à la sacristie.

Ces longues stations ne lui causaient point d'ennui. Il eut quelquefois affaire avec des personnes scrupuleuses dont la confession était d'une durée désespérante ; on ne l'entendit jamais manifester son impatience ni prononcer une parole un peu vive.

Les exhortations qu'il adressait aux autres servaient d'aliment spirituel à son âme.

« Je ne me suis jamais ennuyé un seul instant au confessionnal, disait-il, alors même que j'y stationnais le plus longtemps ; et j'ai beaucoup souffert dès que les infirmités ou l'âge m'ont condamné à restreindre les heures données à ce ministère de réconciliation. La raison en est simple : mon âme perdait des exhortations que je n'adressais plus aux autres... ; c'était comme un vide, une lacune dans ma vie spirituelle. »

Une âme intelligente et pieuse a écrit : « Sa parole élevée semblait tomber du ciel. Jamais on ne sortait du saint tribunal sans se sentir meilleure, encouragée, fortifiée et bien résolue de profiter des saints avis qu'avait donnés l'homme de Dieu. »

« Dès qu'il acceptait la charge d'une âme, ajoute-t-on, M. le Curé s'attachait à lui inspirer une grande confiance en sa direction. »

« Mettez-vous à l'aise, disait-il, ne craignez rien, je suis votre père. » Puis il avait l'habitude de demander que la personne lui fît une confession générale, et il en donnait les motifs : pour être plus à même de lui faire du bien, de lui donner des conseils plus appropriés aux besoins de son âme, de lui inspirer une direction plus sûre qui la conduisît plus efficacement à la perfection.

Et ses morales étaient si substantielles que plusieurs personnes aimaient à les écrire pour s'en nourrir d'une confession à l'autre.

Comme le bon pasteur de l'Evangile, il allait quelquefois avec une douce condescendance à la recherche de ses brebis.

« Ma chère fille en Jésus-Christ, vous savez que la vertu se perfectionne dans l'infirmité ; mais l'infirmité et les souffrances ne nous sont utiles qu'autant que notre âme est bien pure devant

Dieu. Or, je ne sais trop où en est, à cet égard, ma bonne... J'aime à croire que rien de grave n'est venu troubler sa conscience, depuis qu'elle a eu recours au sacrement de pénitence. Si toutefois elle avait besoin de recourir de nouveau à ce divin remède, je lui fais savoir que je suis à sa disposition, et que demain, par exemple, à trois heures, elle pourra me trouver au couvent, si sa santé peut le lui permettre. »

M. le Curé d'Aigueperse s'adonnait avec un zèle spécial à l'avancement spirituel des Religieuses de sa paroisse, qui s'estimaient à bon droit heureuses d'avoir un directeur si expérimenté et d'une si éminente sainteté.

« Pour leur en faciliter les moyens, écrit-on, non seulement il leur prodiguait au saint tribunal ses plus salutaires avis, mais encore tant que ses forces et les labeurs de son ministère le lui permirent, il fut assidu à leur donner, à chacune de leurs petites retraites du mois, une bonne et solide instruction, dont la plupart de celles qui eurent l'avantage de les entendre ont aimé à garder le souvenir. La doctrine renfermée dans ces instructions et le cher intérêt du bon père qui les donnait leur sont demeurés comme un encouragement nouveau à la pratique de leurs saintes obligations...

» Dans la direction qu'il imprimait aux Sœurs, M. le Curé tenait si fort à la fidélité de l'oraison qu'il lui arrivait souvent de demander, surtout aux plus jeunes, quel était le bouquet spirituel de celle du matin. En cas d'oubli ou de négligence, il imposait la douce pénitence d'aller relire attentivement dans la journée le sujet de la méditation. »

En retour d'un si constant dévouement, les âmes qu'il dirigeait lui gardaient la plus reconnaissante vénération. Point n'était besoin au bon Pasteur de manifester l'intention de les voir concourir à ses œuvres. On devinait presque toujours, et des actes d'une générosité héroïque se sont ainsi accomplis en silence.

Quelques extraits de ses lettres spirituelles donneront le caractère de ferme et douce persuasion dont ses morales étaient empreintes, pour porter les âmes à la pratique des vertus chrétiennes.

CHAPITRE XX

PENSÉES SPIRITUELLES EXTRAITES DES LETTRES
DE M. IMBERDIS

*Renoncement. Sacrifice de la volonté. Résignation
dans les épreuves. Le Ciel.*

— « Vous êtes au poste que vous désignent
la charité et votre tendre affection pour votre
famille. Cette considération doit vous encourager
à supporter patiemment les peines et les privations qui vous y sont imposées. Le bon Maître
sait bien nous dédommager de nos sacrifices, et il
n'est jamais plus près de nous que lorsqu'il nous
voit tout immoler à l'accomplissement de sa volonté.

— » Le bon Maître vous tiendra compte de ces
actes de renoncement; vous-même vous accoutu-
merez votre cœur à se détacher un peu de sa

propre volonté, pour accomplir en tout et avec générosité ce qui est le bon plaisir de Dieu.

— » Le bon Dieu veut que sur cette terre nous ne puissions nous rafraîchir qu'en courant, comme les soldats de Gédéon qui ne devaient étancher leur soif que par le peu d'eau contenu dans le creux de la main... Mais au Ciel nous nous désaltérerons à la source pure et intarissable du cœur de notre bon Maître, et là seulement notre bonheur sera complet.

— » Dieu a disposé toutes choses pour vous faire pratiquer le renoncement et vous apprendre à ne jamais vous rechercher vous-même. En cela vous serez conforme au divin Jésus qui n'a point cherché ce qui pouvait lui plaire, mais plutôt ce qui plaisait à son Père et procurait le bien des âmes. Les saints Pères nous disent que cet aimable Sauveur serait venu sur la terre pour assurer le salut à une seule âme, tant il les estime et désire leur bonheur... Eh bien ! n'est-ce pas aussi pour contribuer au salut de cette petite C... que vous prolongez votre exil ?

— » Les peines passagères de cette vie doivent servir à nous détacher un peu de la terre, pour nous faire soupirer après le bonheur du Ciel, où nous retrouverons ceux que nous avons perdus pour quelques moments.

— » Faut-il se plaindre et murmurer (dans les épreuves)? Non certainement, puisque rien n'arrive que par la volonté de Dieu et dans le but de notre bonheur éternel. Acceptons la croix et l'épreuve, dès lors qu'elles sont pour nous un gage de l'amour de Jésus-Christ, qui veut que nous partagions ses souffrances afin de nous faire partager un jour sa propre félicité.

— » Le Ciel ne s'obtient que par des sacrifices; et le renoncement à la volonté propre est la voie la plus sûre et la plus directe pour y parvenir. Il n'est donc pas étonnant que le divin Maître nous fournisse les occasions pour pratiquer ces vertus. Demandez seulement la grâce d'être fidèle et comptez sur l'assistance de Celui qui ne nous impose jamais de fardeaux au-dessus de nos forces.

— » Le moyen de surmonter cet ennui est de penser que vous êtes là où le bon Dieu vous veut et que vous avez une tâche à remplir. Unissez-vous aux anges gardiens de vos chers neveux et travaillez, comme eux, aux intérêts spirituels de ces chers enfants. Les anges ne s'ennuient pas d'être auprès de certaines gens qui ne sont pas trop aimables parfois. Mais ces saintes intelligences savent qu'elles accomplissent la volonté de Dieu et cela leur suffit. Faites de même et vous partagerez leur bonheur.

Charité. Humilité. Pureté d'intention.

— » Je vous recommande surtout, envers le prochain, cette manière d'agir, douce, charitable, indulgente, qui fait aimer la vraie piété et réconcilie le monde avec ses saintes pratiques.

— » Je voudrais pouvoir la convaincre que le bon Dieu se sert des instruments les plus faibles pour procurer sa gloire et accomplir ses desseins, afin que la créature ne s'attribue point le succès, mais renvoie tout l'honneur à qui il est dû. Dans le cas où elle ne réussirait pas, qu'elle s'humilie devant Dieu, sans se décourager jamais. C'est vous dire, ma fille, qu'il ne faut pas le moins du monde vous préoccuper de votre charge, mais la porter allègrement. Vous ferez le mieux possible et Dieu fera le reste.

— » Pour ne pas perdre notre mérite, il faut agir avec une grande pureté d'intention. Il faut faire comme ce solitaire qui, au commencement de chaque action, avait coutume de lever les yeux au Ciel. On lui en demanda la raison. Je tâche, dit-il, d'assurer mon coup. C'est-à-dire qu'à l'exemple du chasseur, il commençait avant tout par viser son but afin de ne pas manquer son coup qui était de plaire à Dieu. Et voilà ce que nous devons faire aussi, au commencement de chaque action, en renouvelant, de temps en temps, notre intention de plaire à Dieu.

— » Oh! si nous connaissions le prix de l'action même la plus petite qui est faite pour Dieu, purement pour Dieu, avec le désir de lui plaire, en vérité, je vous l'assure, toutes les victoires de Magenta... Solférino... ne sont auprès d'elle que des jeux d'enfants.

Avantages des afflictions. Confiance en Dieu.
Patience. Dieu suffit.

— » Il n'est rien comme la maladie pour nous rapprocher de Dieu et donner de la ferveur à nos prières.

— » Pour vous, vous avez encore des alternatives, il faut vous y attendre ; mais ayez confiance, le bon Dieu exaucera nos prières, surtout s'il découvre en nous patience et soumission à sa sainte volonté.

— » Oui, il faut une certaine dose de patience que vous ne pouvez trouver qu'auprès de Dieu et de la Mère de toute consolation. Allez toujours avec confiance puiser du courage à cette source intarissable et unique du vrai bonheur. Là seulement l'âme se réconforte, parce que Dieu lui fait connaître le prix et les mérites des souffrances, et, en même temps, lui communique la grâce de les supporter chrétiennement.

— » Profitez du temps que durera cette douloureuse épreuve pour accroître vos mérites et
embellir votre couronne.

— » Je demande chaque jour au bon Dieu de
vous guérir entièrement et je conserve la douce
espérance qu'il en sera ainsi. Mais quand? C'est
le secret du grand Maître, et notre devoir est de
nous abandonner complètement à son bon plaisir
et à sa divine volonté, bien convaincus que tout ce
qui nous arrive par la volonté de Dieu, doit servir
à notre sanctification et à notre éternel bonheur.

— » Par le fait, ma bonne fille, Dieu suffit à
tout, et rien, en dehors de lui, ne saurait satis-
faire un cœur qui ne peut être rassasié que par la
possession du souverain bien.

— » Il est donc bien vrai qu'il ne faut s'attacher qu'au seul bien suprême. Celui-là ne nous
fait jamais défaut et rien ne peut nous le ravir.
En attendant la possession du parfait bonheur, ne
perdons pas le mérite de tous nos sacrifices; unis-
sons-les à celui de notre bon Maître et un jour
nous en recevrons la récompense.

Tentations. Découragement. Paix de l'âme.

— » Je vous engage à ne pas perdre courage,
malgré vos tentations. N'oubliez pas, ma chère
enfant, que Jésus-Christ est toujours le tendre

ami de nos âmes et que, s'il semble dormir quelquefois, il ne nous abandonne jamais. Oh! pourquoi faut-il que l'ennemi de tout bien travaille constamment à nous inspirer de la défiance envers Celui qui est tout charité pour nous? Ne l'écoutez pas; et dilatant au contraire votre cœur par la confiance, défiez-le de vous séparer de Celui qui vous a prévenue de la grâce et à qui vous avez consacré votre vie. Vous savez bien que la piété ne consiste pas à éprouver beaucoup de consolations, mais plutôt dans la volonté sincère et constante d'être à Dieu, n'importe la situation où nous pouvons nous trouver.

— » Je n'ai pas reconnu hier mon enfant spirituel que j'avais tâché de former aux vertus chrétiennes et surtout à la douceur et à l'humilité de notre divin Maître... Evidemment ce n'était pas M. N... qui parlait, mais bien plutôt l'esprit mauvais qui exprimait par votre bouche les sentiments pervers qui l'animent. Oh! par grâce, ne servez pas plus longtemps d'organe à cet esprit méchant. Revenez à des dispositions plus raisonnables et plus chrétiennes. Le bon Dieu pardonnera ce moment d'oubli qui n'a pas été en vous bien volontaire... Que le calme et la paix rentrent maintenant dans votre cœur. Mettez au pied de la croix toute votre peine et vous serez soulagé...

Vous vous plaignez de quelques injustices de la part des hommes, mais contemplez Jésus-Christ dans sa Passion... L'entendez-vous maudire ceux qui le traitent si injustement? Non. Il prie pour eux son Père et offre son sang pour leur salut... Ne sommes-nous pas ses disciples, et ne devons-nous pas, à son exemple, pardonner du fond du cœur à ceux qui nous ont offensés? En revenant à de meilleures dispositions vous réjouirez le cœur de Dieu, celui de Marie, et vous consolerez aussi celui qui vous porte l'intérêt le plus sincère.

La sainte Communion. La Communion spirituelle.

— » Le festin eucharistique a été préparé pour tous, et le désir ardent du cœur de Jésus, c'est que tous ses enfants y viennent prendre part. Cependant, malgré les invitations réitérées et pressantes de ce bon Père de famille, il se trouve bien des places vacantes et la salle est loin d'être pleine. C'est donc soulager le cœur du divin Maître, si affligé de l'indifférence de ceux qu'il a tant aimés, que de venir avec empressement prendre part au céleste banquet. Suivez donc votre attrait puisque c'est Dieu lui-même qui vous l'inspire. Seulement n'oubliez pas que plus vous recevez de grâces et de faveurs, plus aussi vous devez montrer de reconnaissance et de fidélité.

— » Ici-bas, notre grande satisfaction doit être de recevoir souvent, dans notre cœur, Celui qui doit être un jour notre éternelle récompense.

— » Communiez spirituellement plusieurs fois chaque jour, et vous éprouverez d'une manière sensible que notre aimable Sauveur se rend à nos désirs intérieurs et daigne les récompenser de sa douce présence.

— » Pour vous, chère amie, supportez généreusement vos privations. Dieu nous est toujours uni quoique nous soyons dans l'impossibilité de le recevoir par la sainte communion, dès lors qu'il n'y a pas de notre faute. A l'exemple de sainte Thérèse, dédommageons-nous par la communion spirituelle et les saints désirs du cœur.

— » La douce satisfaction que vous goûtez auprès du bon Maître ne doit pas vous être tout à fait ravie, lors même que vous ne le trouverez pas dans son temple. Faites comme sainte Gertrude qui s'était formé un petit oratoire au fond de son cœur où elle était sûre de trouver Celui qui se plaît à habiter avec les enfants des hommes. Conservez cet hôte aimable dans votre cœur et entretenez-vous avec lui comme avec un ami.

Les âmes du Purgatoire.

— » Je vous recommande de célébrer la touchante octave de la Toussaint par une communion de chaque jour, soit pour honorer les saints amis de Dieu et obtenir leur protection, soit pour venir en aide à nos chers défunts qui attendent le jour des Morts avec une vive impatience. Il vous sera bien consolant de penser que ces âmes recevront, par votre entremise, la rémission de leurs peines, et verront le temps de leurs épreuves abrégé. Ne doutons pas que, étant enfin admises dans le Ciel, elles ne se montrent reconnaissantes pour un si grand bienfait, en nous obtenant le bonheur de leur être réunis pour ne jamais plus nous séparer.

Condoléances à une mère de famille.

— » Bien chère dame, votre affliction profonde en ce moment me paraît si juste et si légitime que je n'essayerai pas d'y apporter un adoucissement, je serais plutôt disposé à mêler mes larmes aux vôtres, pour pleurer avec vous ce cher petit martyr qui faisait votre consolation dans vos souffrances et excitait l'admiration de tous ceux qui le connaissaient, par les heureuses qualités dont Dieu l'avait doué.

» Cependant, ma bonne dame, vous savez que ce pauvre enfant était condamné à une vie de souffrance, et la prolongation de son existence eût été, et pour lui et pour vous, un bien douloureux martyre ; il a plu à Dieu de le délivrer en l'appelant à lui et en lui donnant part à sa gloire et à son bonheur.

» Ne devons-nous pas bénir la Providence qui comprend nos intérêts bien mieux que nous-mêmes ? A côté du sacrifice qu'Elle nous impose, comme une bonne Mère, elle sait en adoucir l'amertume par la consolante espérance de se retrouver un jour pour ne plus se séparer.

» Courage donc ! ma bonne dame ; voyez, dans tous les événements de cette triste vie, l'accomplissement de la volonté divine qui dirige tout avec sagesse pour le bien de ses élus. Votre parfaite soumission, je n'en doute pas, sera pour vous un principe de grâces et de mérites... »

CHAPITRE XXI

ZÈLE DE M. IMBERDIS POUR SA SANCTIFICATION — EXERCICES DE PIÉTÉ ET DIFFÉRENTES DÉVOTIONS

Il n'est aucune pratique de piété recommandée par M. Imberdis, au confessionnal, dans ses lettres et ses allocutions, qu'il n'ait adoptée pour lui-même et fidèlement suivie.

On peut lui appliquer ces paroles du divin Maître : *Cœpit facere et docere.*

Il consacrait ses matinées au tribunal de la pénitence, à la prière, à l'étude. Le soir, seulement, il faisait quelques visites.

Fidèle à ne jamais omettre son oraison, il commençait la journée par cet exercice, et, au premier moment libre, il le reprenait quand il en avait été détourné par les occupations de son ministère.

Combien de fois, en entrant dans sa chambre, le matin, ne l'a-t-on pas trouvé son livre de méditation à la main ?

Il récitait son office aux heures marquées par les rubriques. Il a déclaré lui-même, vers la fin de sa vie, ne l'avoir jamais omis un seul jour, malgré ses occupations multipliées et de sérieuses maladies ; ni avoir remis au lendemain la récitation de Matines et de Laudes.

Un jour, il avait été occupé toute la journée. Le soir venu, accablé par la fatigue, il ne put parvenir à dominer le sommeil. Après avoir commencé plusieurs fois Matines et combattu longtemps sans succès, il se décida à se mettre au lit. Un instant après, on vint l'appeler pour se rendre auprès d'une malade. Il se leva, assista la mourante et rentra dans sa chambre.

Il se sentit délivré du sommeil et put, à sa grande satisfaction, reprendre et finir la récitation de son office.

Le chapelet, la visite au Saint-Sacrement, la lecture spirituelle sont des exercices journaliers dont il s'acquittait avec l'exactitude d'un séminariste.

Il avait l'habitude de faire, chaque semaine, le vendredi, le chemin de la croix. Qu'il était édifiant pendant cet exercice ! Il allait lentement d'une station à l'autre, avec une attitude recueillie. Il se mettait à genoux sur les dalles nues, croisait les bras, inclinait un peu la tête, ne détournait jamais les yeux.

Son attitude, quand il célébrait la sainte messe, n'était pas moins admirable. Sa belle âme trouvait à l'autel une indicible jouissance. Elle puisait avec délices à cette source intarissable de grâces la vie, la force, le bonheur, ravie d'y rendre à Dieu un honneur digne de son infinie majesté.

Pendant ses maladies, il fut, à différentes reprises, dans l'impossibilité d'offrir le saint sacrifice. Ce lui était une dure privation ; son âme alors avait faim de la sainte Eucharistie.

« Continuez, écrivait-il dans une de ces indispositions, continuez de prier afin que le bon Dieu me rapproche de lui et me permette d'aller à lui. Pensez donc..., onze grands jours sans communion ! vous comprenez aisément que la faim se fait vivement sentir. »

Sa foi vive lui faisait envisager aussi les fins sublimes du sacrifice de la messe et l'honneur qui en revient à Dieu.

« Vous avez dû être bien privé, lui disait une personne pieuse, d'avoir été empêché, pendant quelques jours, de dire la sainte messe.

— Oui, sans doute, répondit-il, mais surtout

j'ai vivement regretté de n'avoir pu procurer la gloire de Dieu, car le saint sacrifice de la messe donne à Dieu une très grande gloire. »

Ce regret se renouvela moins souvent vers la fin de sa vie. Dieu, dans sa bonté, daigna procurer à son pieux ministre la consolation et la facilité de pouvoir célébrer les saints mystères sans enfreindre les ordres du médecin. « Monseigneur, écrivait-il à une personne amie, a eu l'obligeance de m'accorder la permission de dire la messe dans mes appartements, et je vous assure que dans l'occasion j'en profiterai fort bien. Mais, grâce à vos bonnes prières, je suis à peu près guéri pour cette fois. Il me suffit d'avoir, à deux pas de la maison, la belle et confortable chapelle du couvent, où je puis si facilement me rendre sans inconvénient. »

Avec quel soin scrupuleux il se préparait à monter à l'autel ! Il éloignait toute cause de distraction, ne voulant même pas lire les lettres qui lui étaient remises avant la messe.

Aussi quelle piété apportait-il à l'autel ! On voyait qu'il remplissait une fonction divine, qu'il était profondément pénétré de la présence de Dieu qui s'y offre pour nous. En le contemplant, on pensait que saint François de Sales devait avoir cette dignité modeste, recueillie, et ces paroles de sainte

Chantal venaient à la mémoire : « Quand il priait... ou qu'il disait la très sainte messe, à laquelle il paraissait un ange par la splendeur qui était en son visage, vous ne luy voyiez faire aucune simagrée, ni même quasi lever ou fermer les yeux, mais il les tenait modestement baissés, sans faire de mouvements que ceux qui étaient nécessaires (1). »

De même, le maintien de M. Imberdis avait quelque chose d'angélique et de vénérable à la fois, particulièrement vers la fin de sa vie.

En le voyant à l'autel, quelques assistants étaient ravis d'admiration.

« Voyez notre saint Curé, dit un jour une personne à sa voisine : on dirait le Père éternel.

— Il est plus beau que le Père éternel, » fut-il répondu avec un naïf enthousiasme.

Sa haute stature, sa démarche majestueuse, ses mouvements lents, la modestie et la noblesse qui rayonnaient sur son visage, lui donnaient l'allure imposante d'un pontife.

Quand il officiait, aux grandes fêtes, vêtu d'ornements d'or, assisté de ses vicaires, on pouvait se croire aux grandes solennités de nos basiliques.

(1) Lettre de sainte Chantal au Révérend Père don Jean de Saint-François, de l'Ordre des Feuillants.

« Si vous avez une cathédrale, dit un étranger quelques personnes d'Aigueperse qui parlaient e leur belle église, si vous avez une cathédrale, faut reconnaître qu'elle a bien son évêque. »

Le recueillement du Pasteur passait dans l'asistance. Les fidèles avaient dans l'église, à l'instar de leur bien-aimé Curé, une tenue grave et ieuse.

Chaque employé s'acquittait de ses fonctions vec une édifiante exactitude. Les offices començaient à l'heure indiquée. La régularité était ne des vertus de M. Imberdis et il voulait qu'on e l'attendît point lorsqu'il était en retard.

Que dire de sa dévotion si connue à la très ainte Vierge ? C'était l'amour filial d'un enfant our sa mère. Le nom de Marie revenait souvent ans ses entretiens et ses lettres.

Que n'eût il pas fait dans sa paroisse pour onorer cette bonne Mère, comme il se plaisait à a nommer, pour grouper les âmes autour de son utel, les enrôler dans ses confréries, décorer ses hapelles, célébrer avec éclat ses fêtes ?

De tout temps, le culte de Marie a été en honeur dans la paroisse de Notre-Dame d'Aigueerse. L'église paroissiale possède quatre chapelles édiées, sous des vocables différents, à la Reine lu ciel : la chapelle de Notre-Dame du Rosaire, de Notre-Dame de Septembre ou de la Nativité, de Notre-Dame de Lourdes et de Notre-Dame des Sept-Douleurs.

Trois antiques statues de la Sainte Vierge sont, dans trois quartiers de la ville, l'objet d'une grande vénération. Elles étaient autrefois les sentinelles protectrices des trois principales portes fortifiées de la cité. Le marteau du temps et des révolutions a démoli les tours et les remparts qui leur servaient de trône ; mais la Religion, qui survit à toutes les vicissitudes, a pieusement gardé ces reliques vénérées des ancêtres. Les hommes les plus étrangers aux pratiques religieuses s'intéressent à la statue de leur quartier.

M. Imberdis encourageait cette confiance séculaire de ses paroissiens. « Les habitants du Bas-de-Ville, se plaisait-il à dire, sont visiblement protégés par leur statue de Notre-Dame de Bon-Secours. Malgré le roulage considérable des voitures et le grand nombre d'enfants qui courent dans la rue, il n'est jamais arrivé d'accident dans ce populeux quartier. »

Il les félicitait de leur pieuse habitude d'entretenir une lampe devant ces statues et de décorer leurs niches.

M. Imberdis vénérait aussi spécialement saint Joseph.

On se rappelle encore les accents de confiante piété avec lesquels il parlait de la puissance de ce grand patriarche, et les ingénieuses comparaisons qu'il donnait pour faire comprendre l'étendue de son crédit dans le ciel. Nous dirons bientôt comment il fit construire et décorer une des chapelles de son église en honneur du saint Epoux de la Mère de Dieu.

Sa piété semblait être une conséquence de son heureux naturel, elle était aussi le résultat de sa constante application à travailler à son avancement spirituel. Les exercices de piété et les différentes dévotions, qui sont l'apanage des saints prêtres, alimentaient journellement son âme, et chaque année, à peu près, il la réconfortait par quelques jours de retraite.

Il suivait ordinairement la retraite pastorale du diocèse avec un de ses vicaires, dont il payait gracieusement le voyage et l'indemnité de séjour au Grand-Séminaire.

Il était beau de le voir au réfectoire, le premier jour, ceint du traditionnel tablier blanc, servir à table ses confrères, avec la noble distinction qu'il apportait dans les actions les plus simples.

Que se passait-il dans son âme pendant ces jours de silence et d'intime entretien avec Dieu ? Ses cahiers de retraite eussent pu nous le dire, nous eussions été heureux d'y puiser quelques pensées d'édification tombées de la plume du pieux retraitant. Il ne nous a pas été donné d'en prendre connaissance.

Quelques extraits de ses lettres combleront cette lacune regrettable.

« Je vous écris encore tout embaumé des parfums de la retraite que je viens de faire à Montferrand. Oh ! que ces jours ont été vite écoulés ! L'on est si heureux de se trouver seul à seul avec Dieu, sans soucis et préoccupations, tout à son âme et aux grands intérêts de l'Eternité.

» Il est vrai qu'on repasse, dans l'amertume de son cœur, tous les manquements dont on s'est rendu coupable, depuis la dernière retraite, et qui sont si nombreux et si humiliants, mais c'est pour les déplorer, aux pieds de Jésus, si bon et si miséricordieux, avec la confiance d'en être purifié. Dès lors, cette vue, loin de nous abattre, nous inspire plutôt une nouvelle ardeur pour l'avenir, afin de dédommager le bon Maître et de réparer le temps perdu. »

Pendant une de ses retraites, M. Imberdis songea à quitter sa paroisse pour consacrer le reste de sa vie à se préparer à la mort.

« Croyez-vous, écrivait-il, en 1857, que j'examinais devant Dieu s'il ne serait pas temps de quit-

er entièrement le monde, pour aller, dans quelque
etraite profonde, ne penser qu'à mon éternité. Je
royais que trente-trois ans d'un ministère labo-
ieusement rempli devaient suffire à ma tâche,
nais Dieu m'a adressé de vifs reproches. »

Quelques années plus tard, il fit part du même
projet à son Evêque. « Non, mon cher Curé, répondit Monseigneur Féron, restez à votre poste,
comme moi, *usque ad finem.* »

Plusieurs retraitants le choisissaient pour confesseur. Cette occupation charitable, qui absorbait
une partie du temps qu'il voulait consacrer à sa
sanctification personnelle, lui causait quelque appréhension.

« J'appréhendais beaucoup, dit-il dans une
lettre, d'aller à Montferrand faire ma retraite, par
la raison qu'il faut s'occuper des confrères qui vous
donnent leur confiance, et qu'il reste bien peu de
loisir pour rentrer en soi-même et se retremper un
peu. »

Quand ses occupations ou l'état de sa santé ne
lui permettaient pas de se rendre à l'unique retraite
pastorale qui se donnait alors au Grand-Séminaire,
il faisait la revue de son âme dans quelque communauté religieuse, le plus souvent à l'abbaye de
Sept-Fonds.

Il se plaignit un jour au Père hôtelier des Trappistes d'être l'objet d'une attention particulière de la part de ces bons religieux ; il apprit qu'il en était redevable à quelques confrères du clergé de Moulins qui l'avaient en très grande estime.

M. Imberdis savait d'ailleurs se recueillir et trouver Dieu partout.

Une année, il suivait un traitement à Enghien-les-Bains. Les médecins l'avaient condamné au silence le plus rigoureux.

« Quelle figure faire, écrivait-il, quelle figure faire au milieu de ces beaux parleurs ?... En attendant, je vais profiter de mes loisirs pour rentrer sérieusement en moi-même, et faire, auprès d'un excellent ecclésiastique, une revue générale de toute ma vie. Cela servira toujours à la sanctification de mon âme : et si les eaux d'Enghien n'opèrent pas ma guérison physique, du moins, je l'espère de la bonté de Dieu et du secours de vos prières, les eaux de la grâce serviront à me purifier de mes nombreux péchés et à me rapprocher de mon divin Sauveur. »

Dieu couronnait les efforts de son pieux serviteur. Chaque jour, par la pratique des vertus chrétiennes et sacerdotales, M. Imberdis approchait plus près de son divin Sauveur.

CHAPITRE XXII

M. IMBERDIS — SES VERTUS — SES RAPPORTS
AVEC SA FAMILLE — SON ATTACHEMENT A SA PAROISSE

A l'instar des saints, plus M. Imberdis avançait dans la voie de la perfection, plus il s'humiliait.

Un jour, on lui rapporte qu'une personne, convaincue de son puissant crédit auprès de Dieu, à cause de sa sainteté, disait qu'il était pour la paroisse un protecteur contre les fléaux du ciel.

« Hélas! s'écria-t-il tout confus, nous ne sommes qu'un pauvre pécheur et notre réputation est meilleure que nous. »

L'estime que l'on avait de sa vertu et de ses mérites lui donnait des inquiétudes.

« J'ai bien peur, répétait-il, qu'on me laisse

longtemps en purgatoire. On me croira un saint alors que je n'ai été qu'un pécheur et l'on ne priera pas pour moi. Vous, du moins, mes bonnes Sœurs, ajoutait-il une fois, en parlant devant la communauté de la Miséricorde réunie, vous qui m'avez connu, de grâce, ne partagez point ce préjugé, à l'égard de votre père. Priez, priez beaucoup pour moi, afin qu'introduit plus vite au paradis, je puisse vous rendre auprès de Dieu le bien que vos prières auront fait à mon âme. »

A l'humilité, M. Imberdis joignait une édifiante modestie. Seul, comme en public, avec les membres de sa famille comme avec les étrangers, il ne se départait jamais de son habituelle réserve.

Dans une de ses maladies, on fut obligé de lui appliquer un vésicatoire sur le côté ; il ne voulut même pas accepter les services de sa sœur, venue dans cette circonstance pour lui donner ses soins.

« Je vais repartir, dit-elle à une personne qui en fut édifiée, je ne puis être d'aucun secours à mon frère ; il ne veut même pas me laisser soigner son vésicatoire. »

Très souvent, sa santé fut ébranlée, et il se trouva dans la nécessité d'avoir recours aux traitements indiqués par la science, afin de recouvrer les forces nécessaires à l'accomplissement de son ministère. Sa docilité aux conseils des médecins fut

onstante. Ainsi, il se résigna à faire successivement des saisons d'eaux à Vichy, au Mont-Dore,
Enghien, à Bourbon, à Néris, aux Eaux-
Bonnes, etc..., sans ajouter une grande foi à
l'efficacité de ces différentes eaux thermales.

« Je vous avoue, écrivait-il, que j'attends de
Dieu seul ma guérison, et n'ai pas beaucoup de
confiance en tous ces moyens humains que nous
sommes, toutefois, obligés d'employer pour obéir
aux médecins. C'est surtout aux pieds de Marie,
notre auguste patronne, que j'espère trouver le
vrai remède, sinon de mon corps, du moins de
mon âme. »

Ces déplacements forcés ne nuisaient point à
son habituel recueillement, et il se plaisait à le
reconnaître.

« Ce qui est pour tant d'autres, disait-il, une
occasion de dissipation, en voiture, en chemin de
fer, m'unit sans effort à Notre-Seigneur ; parce
que, débarrassé alors de mes sollicitudes de paroisse, je me sens à l'aise, n'ayant que mon office
et mes autres prières à réciter. »

Ses voyages n'eurent d'autres motifs que la
piété, la bienséance et le soin de sa santé.

La piété le conduisit en pèlerinage à Fourvières,
Ars, Paray-le-Monial, Lourdes.

Chaque année, tant que vécurent sa sœur et son

beau-frère, qui lui gardaient un affectueux attachement, il consacra quelques jours, avec un réel
bonheur, aux saintes amitiés de la famille, sans
oublier néanmoins, au milieu de ces légitimes
délassements, qu'il se devait aux âmes.

« Si je ne suivais que les sentiments de la nature,
écrivait-il, et du *far-niente,* je vous avoue que je
prolongerais volontiers mon séjour au sein d'une
famille où je n'éprouve que de douces satisfac-
tions ; mais j'ai peur que le bon Dieu se fâche et
qu'il m'impute la perte du temps qu'il ne nous
accorde que pour l'employer à sa gloire et au salut
des âmes. »

La majeure partie de cette courte villégiature
se passait à la Greleyre, maison de campagne de
sa sœur, située dans la paroisse de Marsac.

Il aimait cette charmante solitude, et il écrivait :

« L'on respire ici un air parfumé par l'odeur
des pins et des bruyères. Le site est charmant. De
ma croisée, je contemple toute la vallée arrosée par
la Dore, et entrecoupée de bois, de prairies et de
champs cultivés ; et, pour le fond du tableau, un
rideau de montagnes parsemées de villages qui
produisent le plus bel effet.

» Aux extrémités de notre petite Limagne, les
villes d'Ambert et d'Arlanc montrent leurs orgueil-

leux clochers, comme les colonnes d'Hercule, qui semblent dire qu'il ne faut pas passer outre, sous peine de ne rencontrer qu'un pays sauvage.

» Vous devez comprendre par ce tout petit coup de crayon combien ce pays est beau et offre de charmes par ses contrastes ; mais ce qui est plus agréable ici, ce sont les relations de famille qui font tant de bien au cœur. »

« Ici, ajoutait-il dans une autre lettre, ici tout porte à Dieu, et je vous assure que pour méditer sur la grandeur et la bonté de la Providence, il suffit d'ouvrir les yeux.

» Les mœurs sont encore fort religieuses dans ces belles campagnes. Lorsque je dis la messe, la chapelle se remplit de braves gens qui nous édifient. »

Les jours qu'il passait dans la ville d'Ambert lui offraient moins d'attrait.

Ses compatriotes l'entouraient d'une profonde estime. Les principales familles se jugeaient honorées de conserver des relations avec un prêtre si parfait ; et ces devoirs de bienséance absorbaient toutes ses journées.

« Je n'ai pas un moment de libre, écrivait-il, tant les visites à faire ou à recevoir sont nombreuses. »

Venaient ensuite les invitations. Il subissait,

chaque soir, cette servitude, avec sa bonne grâce habituelle. D'ailleurs, le luxe, les plantureux et légendaires festins de la ville d'Ambert n'avaient point de prise sur sa nature mortifiée et son âme unie à Dieu.

Il écrivait : « Au milieu du luxe et des festins, qu'il est difficile de conserver l'humilité et la mortification ! Je dois vous dire, cependant, que tout cet étalage m'inspire de la pitié, et que l'importance que l'on met à des choses qui me paraissent si vaines et si puériles me donne envie de pleurer.

» Oh ! que l'on est heureux de n'être pas du monde et de chercher auprès du bon Maître des joies plus solides et plus pures ! »

Il est une autre joie que la Providence réservait au cœur du vénéré Curé d'Aigueperse, au sein même de sa famille. Mais Dieu, qui mêle ordinairement, dans la vie chrétienne, les épreuves aux rares consolations de ce monde, voulait briser son cœur avant de le réjouir.

En même temps, Il lui ravit sa sœur et ramena son beau-frère à l'accomplissement de ses devoirs religieux.

Nous devons encore lui laisser la parole :

« Dieu me l'avait donnée, Dieu me l'a enlevée ! Que sa sainte volonté soit faite !

» Mon pauvre cœur avait bien raison de craindre

les suites de la cruelle maladie qui nous a ravi ma sœur...

» Mon âme est profondément affligée et ne peut trouver de consolation qu'au pied de la croix. Là, il est vrai, le courage renaît et l'assurance de trouver bientôt ceux que nous pleurons nous aide à offrir à Dieu tous les sacrifices qu'il lui plaît de nous imposer. »

« Oh ! que la maison que j'habite, dit-il ailleurs, me paraît grande et déserte ! Celle qui la remplissait de sa bonté et de son dévouement n'y est plus... Je crois toujours la voir sortir de quelque coin. Je la cherchais vainement à la campagne ces jours-ci, je n'y ai trouvé que les regrets qu'elle a laissés...

» Mais je suis si assuré de son bonheur dans le ciel que je ne dois plus songer qu'à mériter d'aller la joindre pour ne plus nous quitter. »

Le Thabor devait suivre de près le Calvaire.

Les prières et l'affectueuse condescendance du bon prêtre allaient bientôt avoir raison d'un oubli religieux où il y avait plus de négligence que de parti-pris.

Il écrivait : « L'état de mon beau-frère s'est amélioré. Je lui fais oublier un peu ses souffrances en le faisant causer sur des sujets qu'il affectionne et dont il parle d'une manière fort intéressante.

Mais ce qui me cause le plus de satisfaction, c'est qu'il est devenu tout à fait chrétien. Il souffre avec soumission à la volonté de Dieu, acceptant ses douleurs comme une pénitence salutaire. »

Dans une autre lettre, il dit encore : « Ce matin, j'ai dit la messe pour ma pauvre sœur... J'ai eu la satisfaction d'y communier mon beau-frère. C'est là qu'il a eu le bon esprit d'aller puiser des forces et des consolations. »

Enfin, Dieu imposa un dernier sacrifice à M. Imberdis. Son beau-frère le précéda dans la tombe. Dès lors, son grand cœur trouva peu d'écho au sein de sa famille.

Mais, depuis bien des années, le digne prêtre s'était créé une autre famille qu'il affectionnait d'un amour ni moins sincère, ni moins généreux.

Le prêtre à la tête d'une paroisse est un père, et les âmes confiées à son zèle composent sa famille.

Dès les premiers jours, M. Imberdis s'attacha sincèrement à ses paroissiens pour rester et mourir au milieu d'eux.

L'un de ses amis, M. Quiquandon, lui disait un jour : « La paroisse d'Aigueperse n'est pour vous qu'un pied-à-terre, vous monterez plus haut. — Non, mon ami, répondit résolument M. Imberdis, j'ai marqué ma place au cimetière. »

Les propositions qui lui furent faites par son évêque, qui l'avait en grande et affectueuse estime, échouèrent devant son désintéressement et son profond attachement à la paroisse d'Aigueperse.

« Bien des fois, dit Monseigneur Féron, la veille des noces d'or de M. le Curé, bien des fois, sans doute, il a eu des occasions d'accepter un autre poste... Nous aurions été heureux de l'avoir plus près de nous, mais il a voulu rester ici... Et je vous y laisse, mon cher Curé, ajouta affectueusement le prélat, en lui prenant la main. »

Le bon prêtre ne donna point, dans son âme, prise à l'ambition.

Faire l'œuvre de Dieu dans le champ où l'avait placé la Providence, et se proclamer serviteur inutile, telle était la devise de M. le Curé d'Aigueperse.

CHAPITRE XXIII

RESTAURATION DE L'ÉGLISE PAROISSIALE — LA SAINTE-
CHAPELLE DE SAINT-LOUIS — L'ÉGLISE DE NOTRE-DAME
— RECONSTRUCTION DES NEFS — INAUGURATION

La ville d'Aigueperse possède deux églises : l'église de Saint-Louis et l'église de Notre-Dame.

L'église de Saint-Louis, ou la Sainte-Chapelle, est un monument de style gothique flamboyant. Elle fut bâtie, en 1475, par Louis Ier de Bourbon, comte de Montpensier, près du palais qu'il possédait à Aigueperse (1).

Le pieux fondateur, digne émule de Marie de Berry, sa mère, fondatrice du monastère de

______

(1) Chabrol, *Coutumes* ; Pierre Culhat, *Chronologie* ; Tardieu, *Dictionnaire hist.* ; Archives de la mairie d'Aigueperse, etc...

Sainte-Claire, établit à Saint-Louis une collégiale composée d'un trésorier, de huit chanoines et de huit chapelains semi-prébendés. Il fit à chaque chanoine une rente annuelle de vingt livres et de dix aux chanoines semi-prébendés.

Il fut inhumé dans la Sainte-Chapelle. On y transporta aussi, au commencement du siècle suivant, les dépouilles mortelles de Gilbert de Bourbon, son fils, et de Louis II de Bourbon, son petit-fils, morts l'un et l'autre tragiquement en Italie, à quelques années d'intervalle (1).

La Sainte-Chapelle fut richement décorée par les Bourbon-Montpensier. Mais à l'époque de la Révolution elle subit le sort commun réservé aux édifices religieux.

L'on brisa les magnifiques verrières des fenêtres et de la rosace, les sculptures de la porte et du tympan, l'on enleva les tableaux du martyre de saint Sébastien, d'Andréa Mantégna, et de la Na-

---

(1) Gilbert mourut à Pouzolles, le 5 octobre 1496. On pense qu'il fut empoisonné. Il fut enterré, sans pompe, sur le rivage.

Louis, son fils, cinq ans plus tard, voulut voir les restes de son père ; il éprouva une si vive émotion devant le cercueil ouvert de l'auteur de ses jours, qu'il fut saisi d'une fièvre dont il mourut, à Naples, le 15 août 1501, à l'âge de dix-huit ans.

tivité, de Benedetto Ghirlandajo, qui se trouvent actuellement dans l'église paroissiale (1).

Sous le règne de Louis-Philippe Ier, on espéra, un instant, voir la Sainte-Chapelle reprendre son ancienne splendeur, mais la chute du roi arriva trop tôt.

La commune entretient la toiture et les murs de l'édifice, et la piété des fidèles du Haut-de-Ville, le mobilier.

Quelques habitants du Haut-Quartier auraient voulu, à une époque, faire de la Sainte-Chapelle une église paroissiale et diviser ainsi la ville en deux paroisses.

Les différentes tentatives faites auprès de M. Imberdis, pour avoir à Saint-Louis une messe, tous les dimanches, laissaient entrevoir cette intention.

M. le Curé ne partageait pas cette manière de

(1) Voir, au sujet de ces deux peintures, une savante étude de M. Paul Mantz, publiée dans la *Gazette des Beaux-Arts*, année 1886, et dans la *Semaine religieuse* de Clermont, année 1889.

Voir aussi : *Le martyre de saint Sébastien....*, par M. Ed. Vimont, publié dans la *Revue d'Auvergne*.

Dans le travail de M. Mantz, il est aussi question des deux statues en marbre qui se trouvent dans l'église de Saint-Louis.

voir ; il comprenait sagement qu'une telle division eût été funeste à la fois aux intérêts spirituels et matériels de la ville. Il résista au courant. Néanmoins, il favorisa l'initiative et le zèle des habitants du quartier pour l'embellissement et l'ameublement de la Sainte-Chapelle ; mais il réserva son activité et sa générosité pour l'église paroissiale.

L'église de Notre-Dame ou du Saint-Sépulcre est plus ancienne que l'église Saint-Louis. La chapelle du Rosaire semble remonter au xie siècle.

Lorsque Guy de Thiers en fit don au Chapitre de Saint-Genès, en 1016, l'église de Notre-Dame n'était qu'une simple petite chapelle. Elle fut successivement agrandie.

A la fin du xiie siècle, Agnès de Thiers, dame de Montpensier, donna, à la prière des chanoines de Saint-Genès de Thiers, un terrain pour recevoir de nouvelles constructions. On ajouta immédiatement le chœur et le transept conservés jusqu'à nos jours et qui forment la partie la plus correcte de tout l'édifice.

Les annales locales et le style du monument ne laissent aucun doute sur la date de cette construction. On était à l'époque de la transformation architecturale dite de *transition*. L'ogive remplaçait le plein-cintre.

L'édifice, commencé sur ces larges bases, resta longtemps inachevé. Les ressources faisaient défaut.

Le Clergé de l'église d'Aigueperse, en se constituant en Chapitre, au milieu du xiii⁰ siècle (1253), n'avait pu s'affranchir de la juridiction des chanoines de Saint-Genès, et il était contraint de continuer à leur payer de lourdes redevances, en froment et en argent.

Il n'avait pas même les revenus suffisants pour l'entretien du mobilier du culte. Les consuls et les *luminiers* étaient tenus de fournir le luminaire, la cire, l'huile, les calices, les livres, les cloches, etc... (1).

Mais à la fin du xiv⁰ siècle, par suite d'une nouvelle transaction avec les chanoines de Thiers, les charges du Chapitre d'Aigueperse furent moins onéreuses. On put reprendre les constructions commencées depuis deux siècles.

La ville voulut alors faire contribuer les habitants de Chaptuzat à la construction du clocher, sous prétexte qu'ils entendaient sonner les heures ; ils refusèrent.

En même temps, Barthélemy de Nesson, châtelain d'Aigueperse, fit élever, à l'usage de sa fa-

_____

(1) Pierre Culhat, *Chronologie.*

mille, l'élégante tour et les chapelles qui portent encore son nom.

La consécration solennelle de la collégiale fut faite, le 25 août 1430, par Odo, évêque in partibus, qui la dota de reliques.

Ensuite, à chaque siècle, quelque famille importante de la paroisse fit ajouter une chapelle tumulaire à l'édifice. On bâtit même au-dessus et au delà de la grand'rue (1).

Dans ces constructions successives, aucun artiste ne tint compte du style primitif du monument. Chacun bâtit selon le caractère architectonique et avec les matériaux en usage de son temps. Aussi, la collégiale de Notre-Dame, à la fin, formait un assemblage de constructions disparates présentant un spécimen, à peu près, de toutes les variétés de style.

Le même oubli de toute unité de style se continua jusqu'au bout ; d'abord, au commencement du XVIIIe siècle, quand on réédifia la partie écroulée de l'église, et, sous M. Lefort, quand on plaça, sur les belles assises gothiques du clocher, le bloc informe de lave de Volvic qui déshonore encore l'église d'Aigueperse.

(1) Le plan de l'ancienne église se trouvait, il y a quelques années, chez Mlle Annette Dulin.

Il était réservé à M. Imberdis de donner, dans une certaine mesure, à cet antique monument, l'élégance et l'harmonie qui lui avaient toujours manqué.

Il était curé d'Aigueperse depuis plus de trente ans quand il se mit résolument à l'œuvre.

Mais pendant ces premières années de ministère paroissial, son zèle pour la maison de Dieu n'était point resté inactif. Il avait entretenu le vieil édifice, meublé la sacristie, décoré les chapelles, doté le clocher de sa magnifique sonnerie et, de longue-main, mûri cette grande entreprise.

Avec ses habitudes de foi vive en la Providence et de tact exquis dans son commerce avec les hommes, il avait recommandé à Dieu et peu à peu fait connaître à ses paroissiens les projets qu'il méditait.

« Priez bien, écrivait-il à une personne dévouée aux bonnes œuvres, priez bien pour que nous puissions conduire cette œuvre à bonne fin. Il faut que nous trouvions quelques grandes âmes généreuses animées par l'esprit de foi.

» Il est vrai que le bon Dieu tient les cœurs entre ses mains, et je ne doute pas qu'il n'en dispose quelques-uns en faveur d'une entreprise faite pour sa gloire et l'exercice de son culte. »

« On s'en préoccupait dans le public, dit un témoin (1). Il y eut d'abord de la surprise. On trouvait l'église convenable. Si l'on avait prévu tous les frais, je crois que l'on ne se serait pas décidé ; enfin, l'ascendant du Pasteur l'emporta. »

Le maire faisait quelques difficultés pour se rendre à l'avis de M. le Curé, non par esprit d'opposition, mais par crainte de ne pouvoir trouver les ressources suffisantes pour conduire l'entreprise à bonne fin.

M. Imberdis profita de la présence, à Aigueperse, du préfet, M. de Preissac, pour vaincre cette dernière résistance. Il lui fit visiter l'église en détail, lui soumit, en présence du maire, ses projets de restauration.

Le préfet fut de l'avis de M. le Curé, lui promit son concours, à la condition, ajouta-t-il gracieusement, qu'il serait invité à l'inauguration.

Dès lors aussi, le concours du maire fut acquis à M. le Curé.

Le devis de l'architecte Mallay s'élevait à la somme de 76,000 francs. Mais pour qui savait lire entre les lignes d'un devis de ce temps et *prévoir* les *imprévus,* c'était une somme de 150,000 francs qu'il fallait trouver en quelques années.

La Providence bénit visiblement l'appel du Pas-

____

(1) M. Redon, alors premier vicaire.

teur à ses paroissiens. Trois tournées furent faites dans toute la ville pour recueillir les souscriptions. Les deux premières par M. le Curé et par M. Magnin-Létan, maire ; la troisième, par M. Félix Degeorge, premier adjoint, et M. Redon, premier vicaire.

La première produisit 44,000 francs ;

La deuxième, 16,000 francs ;

La troisième 10,000 francs.

C'était une somme de 70,000 francs recueillie en trois jours. A la tête des souscripteurs, il convient de nommer Mme Victorine Jallat, ancienne supérieure de la communauté de la Miséricorde, Mlles Dulin-Lamothe, M. Maignol, les dames Géninet...

Les plus humbles ne furent pas les moins généreux. Outre les souscriptions, il est certain, ajoute M. Redon, que les dons isolés se sont élevés à la somme de 60,000 fr. C'était quelque chose de merveilleux. Une vieille domestique, qui avait quatre mille francs à peine, donna 1,500 francs. Une autre, qui ne comptait que trois cent cinquante francs de rente, présenta 600 francs. M. le Curé refusa son offrande ; l'humble fille insista. M. le Curé lui dit qu'il acceptera cent francs. — Mais où serait la privation ? ajouta la généreuse vieille.

Et le Pasteur se vit contraint d'accepter cinq
ents francs.

« Un souffle d'en haut avait passé par là ; rien
e coûtait. Aux sacrifices, joyeusement on ajoutait
es sacrifices nouveaux. Plusieurs familles avaient
ffert des vitraux. Deux seulement manquaient.
'ai l'idée, continue M. Redon, de mettre les pa-
rons de M. le Curé et de M. le Maire, tous les
eux admirables de dévouement pour l'œuvre. J'en
arle à cinq ou six personnes, et, en deux heures,
e trouve les 1,200 francs nécessaires. »

L'Etat accorda un secours de 9,000 francs. Là
e s'arrêta point la générosité des habitants d'Ai-
ueperse.

Après une forte pluie, les cours d'eau qui arro-
ent nos campagnes quittent leur lit et se précipi-
ent en torrent. Au bout de quelques jours, quand
es ruisseaux ont repris leur marche ordinaire,
ur les pentes et dans les ravins suinte encore une
au bienfaisante et limpide.

Telle fut la libéralité des habitants de la ville.
es mains s'ouvrirent d'abord larges et généreuses
 l'appel du Pasteur et, après le premier élan, les
ons continuèrent à affluer pour les travaux d'em-
ellissement, l'érection de la chapelle de Saint-
oseph et la reconstruction de la couverture des
hapelles rayonnantes.

Les plans de l'architecte portaient la démolition de la chapelle du Sacré-Cœur et de la sacristie.

La sacristie actuelle est, en effet, un hors-d'œuvre qui masque désagréablement le monument ; et la chapelle du Sacré-Cœur, bâtie au xve siècle, placée entre deux chapelles de style de transition, est un contre-sens architectural.

M. Imberdis ne se plaça pas au même point de vue que l'artiste ; il voulut conserver la chapelle du Sacré-Cœur et, pour garder la symétrie à sa manière, construire, de l'autre côté de la chapelle du Rosaire, la chapelle de Saint-Joseph.

M. Mallay ne voulut point se charger de cette dernière construction. Elle fut confiée à quelque artiste d'occasion qui ne sut copier ni la chapelle du Sacré-Cœur ni les chapelles voisines.

Il fallait trouver des ressources supplémentaires. Saint Joseph fut invoqué. Le saint patriarche envisagea la chapelle qu'on lui dédiait du même œil que le pieux Pasteur, et il bénit l'entreprise.

« Je vous faisais part de mes inquiétudes, écrivait M. le Curé, pour trouver les ressources suffisantes à payer les frais de notre chapelle de Saint-Joseph... Aujourd'hui, je suis heureux de vous réconcilier avec le bon saint Joseph auquel je demandais de nous venir en aide pour le paiement de sa chapelle. Et voilà que ce grand saint a appelé vers le bon Dieu notre bonne vieille infirme, qui, en mourant comme une sainte, a eu la pensée de nous laisser 1,200 francs pour cet objet. »

Saint Joseph voulut aussi que sa chapelle fût ornée de vitraux. Les Enfants de Marie, aidées de quelques personnes pieuses, furent les instruments du glorieux protecteur de la jeunesse pour cette dernière décoration.

M. le Curé écrivait : « Nous avons adopté saint Augustin et saint Charles pour la croisée de votre tante, et pour la Congrégation, ses deux jeunes saints patrons : saint Stanislas de Kostka et saint Louis de Gonzague. La fenêtre du milieu reproduira les diverses scènes de la vie de saint Joseph.

» Je vous assure que j'éprouverai une bien grande joie en voyant notre église complétée par cette chapelle dédiée au saint Epoux de notre bonne Mère, qui a tant de crédit auprès de Dieu. »

Grands, en effet, furent son bonheur et sa joie quand le vaste et superbe édifice fut terminé. Le saint Pasteur craignait que cette légitime jouissance ne fût au détriment de son bonheur éternel.

« Priez beaucoup, écrivait-il avec simplicité à une personne amie, priez beaucoup pour qu'en tout je cherche la volonté de Dieu. Je crains beaucoup de recevoir, en ce monde, ma récompense par la satisfaction que me fait éprouver la vue de notre église. »

L'éclat de l'inauguration du magnifique monument fut digne du Pasteur et de ses paroissiens.

La bénédiction fut faite par Monseigneur Féron. Elle attira un grand concours de personnes de tout le canton.

Cinquante-quatre prêtres, le préfet Gimet, le sous-préfet de Riom, le capitaine de gendarmerie, le juge d'instruction, le comte Martha Becker, conseiller général..., toutes les autorités de la ville assistèrent à la cérémonie.

Le presbytère compta soixante-seize convives.

Après cette grande solennité, le zèle de M. Imberdis ne se ralentit point.

Par les décorations successives des chapelles de Notre-Dame du Rosaire, de Notre-Dame de Lourdes, de Notre-Dame de Pitié, il mit la dernière main à son œuvre.

Son œuvre était complète, et il pouvait chanter son *Nunc dimittis* et aller au ciel recevoir sa couronne. Mais la Providence, avant de l'appeler à recevoir l'éternelle récompense, voulait ménager à son fidèle ministre un triomphe sur la terre.

CHAPITRE XXIV

FÊTE DU CINQUANTIÈME ANNIVERSAIRE DE L'ORDI-
NATION SACERDOTALE DE M. IMBERDIS

Cette fête fut pour M. Imberdis un véritable
·riomphe et, pour ses paroissiens, une magnifique
·xplosion de reconnaissance qui ne connut ni
·ornes ni exceptions.

Les vicaires se mirent à la tête du mouvement
·énéral pour les préparatifs de ce grand anniver-
·aire. Rien ne fit défaut, ni le talent, ni les bras,
·i les ressources.

Les bourses se délièrent. Les sentiments d'affec-
·ueuse gratitude qui animaient tout le monde mê-
·rent encore l'obole du pauvre à l'abondante
·ffrande du riche.

Les Enfants de Marie retracèrent délicatement
·es vertus de M. Imberdis dans un gracieux dia-

logue. Elles le débitèrent, la veille du grand jour, en présence de Monseigneur Féron, au couvent de la Miséricorde.

La Société lyrique de la ville, dissoute depuis la guerre de 1870, fut, à cette occasion, réorganisée sous la direction des Frères.

Le chœur des chanteuses prépara ses plus beaux chants de reconnaissance, et un groupe d'hommes, une messe en musique.

D'autres, mettant à contribution les forêts de Montpensier et les jardins de la ville d'Aigueperse, transformèrent la grand'rue en allée verdoyante, l'avenue et la cour du presbytère, en un bosquet.

Des mains plus délicates multiplièrent les fleurs artificielles, les guirlandes de verdure, les inscriptions en lettres d'or, les insignes du sacerdoce et du bon Pasteur.

Des personnes attentives songèrent même et voulurent pourvoir, en grande partie, au banquet qui devait réunir de nombreux convives au presbytère.

Les paroissiens absents de la ville ne restèrent point étrangers à cette unanime manifestation de toute la famille spirituelle de M. Imberdis. Nombreuses furent les lettres de félicitation arrivées de toutes parts.

Cependant, le digne prêtre, dont on préparait si magnifiquement les noces d'or, se recueillait

vant Dieu, repassait avec humilité les longues
nnées de son sacerdoce, et il éprouvait cette
ainte édifiante commune aux hommes de Dieu
nt la modestie égale les mérites.

Le dimanche qui précéda cette grande fête, il
onta en chaire et demanda très humblement
ardon à ses paroissiens du mauvais exemple qu'il
ouvait leur avoir donné, par ses *nombreuses dé-
aillances,* durant les longues années de son mi-
istère pastoral.

Grande fut l'émotion dans l'auditoire quand on
it s'humilier ainsi celui que tout le monde regar-
ait comme un saint.

Son langage ne fut pas autre avec ses amis :
Demandez, écrivait-il, demandez au bon Dieu
on pas longue vie, mais sainte vie pour celui qui
déjà à rendre compte de cinquante années de
inistère et qui tremble à la pensée du jugement.

» Les hommes ne voient que l'extérieur, ils
ous saturent de compliments... Il faut dévorer
ut cela pendant plusieurs jours ; mais, Dieu
erci ! je me connais assez pour ne pas me laisser
rendre à toutes ces démonstrations qui ont servi
lutôt à m'humilier qu'à flatter mon amour-propre.

» Cependant, je dois le dire, cette manifestation
e la part de ma paroisse m'a touché vivement
cœur et m'impose la douce obligation de l'aimer,

s'il se peut, davantage, et de lui consacrer, avec un entier dévouement, le peu de temps qui me reste à vivre. »

Un beau soleil éclaira cette fête. C'était le 2 août 1874.

La *Semaine religieuse* de Clermont en fit la description suivante :

« Le 2 août, M. l'abbé Imberdis a célébré le 50e anniversaire de sa consécration sacerdotale. A cette occasion, la ville d'Aigueperse a fêté son curé avec le plus filial empressement, le plus vif enthousiasme et le plus grand éclat. De tels anniversaires, de telles fêtes sont vraiment des jubilés. Ils rappellent les joies de la cinquantième année chez les Hébreux : *Jubilœus est et quinquagesimus annus.*

» Monseigneur l'Evêque, voulant s'associer au sentiment unanime et profond des habitants d'Aigueperse, est arrivé dès la veille pour donner à M. l'abbé Imberdis un témoignage éclatant d'estime et d'affection. Sa Grandeur, accompagnée de M. Beauregard, vicaire général, et de M. le chanoine Latouche, son secrétaire particulier, a été reçue devant l'église par le clergé.

» Les autorités civiles étaient venues à sa rencontre.

» Les Dames de la Miséricorde, préludant à la fête du lendemain, ont invité le prélat à assister à une séance littéraire où, dans une allégorie à propos de foi, d'espérance et de charité, les enfants du pensionnat ont offert, au pasteur du lieu et au pasteur du diocèse, les prémices des hommages de la ville d'Aigueperse.

» La population avait voulu que les décorations de l'avenue de la cure, de la rue principale, si large et si belle par elle-même, si bien disposée pour le passage d'un cortège solennel, et de l'église, devenue l'œuvre de M. le Curé par suite de la grande et admirable transformation qui en a fait un des plus remarquables édifices du diocèse, ne laissassent rien à désirer. Il y avait beaucoup de profusion et cependant beaucoup d'élégance. L'on avait créé devant la cure un véritable jardin avec des massifs de pins, des bosquets de grenadiers en fleurs, des plates-bandes de lauriers roses, un bassin et un jet d'eau qui ont eu le privilège d'attirer tout le jour les enfants et les mères. Au fond du jardin, la porte du couvent des Dames de la Miséricorde apparaissait chargée d'ornements et d'inscriptions en l'honneur du prêtre éclairé à qui Aigueperse doit ses importantes écoles des deux sexes. A l'entrée de la rue s'élevait un arc de triomphe de forme gothique, en mousse, décoré d'écussons où on lisait les noms des vertus qui distinguent les bons pasteurs.

» De là à l'église, une longue suite de guirlandes croisées, portant à leur point de jonction de charmantes couronnes relevées par d'innombrables oriflammes, formait une magnifique voie triomphale pour conduire le ministre du prince de la paix, non au Capitole, si rapproché de la voie Tarpéienne, mais à l'autel, si voisin du ciel.

» Le cortège était splendide. On pouvait juger, à la beauté des ornements, de l'application de M. Imberdis au soin de tout ce qui concerne le culte divin, recommandé à la piété du prêtre comme l'un des principaux objets de l'attention de ceux qui sont voués au service des autels. M. le Curé, revêtu des ornements sacrés, s'avançait, précédé de ses amis, de ses anciens vicaires, des prêtres du canton, qui sont pour lui comme une double famille. Venait ensuite le père commun, Monseigneur l'Evêque, entouré de ses vicaires généraux, des membres de son conseil et des curés de plusieurs des principales paroisses du diocèse. Les parents de M. le Curé fermaient la marche. Une foule immense formait la haie le long de ce cortège, aussi touchant qu'imposant. A la tête, marchait la musique d'Aigueperse. Une douce joie régnait dans tous les cœurs et rayonnait sur tous les visages.

» Monseigneur s'est rendu au trône, M. le Curé à l'autel, et la messe a commencé.

» Inutile de dire que l'église était comble.

» Une société d'hommes a chanté la messe en musique. A l'offertoire et à la communion, un chœur de jeunes filles a exécuté des motets. Le *Quid retribuam* a produit une vive émotion. On sentait tout ce qu'il y avait dans ce cri de reconnaissance poussé au nom d'un curé et d'une paroisse qui regardent comme la plus grande grâce de Dieu la faveur d'avoir été unis l'un à l'autre.

» A l'Evangile, M. le Curé de la Cathédrale est monté en chaire pour interpréter les sentiments du curé d'Aigueperse pour sa paroisse et de la paroisse d'Aigueperse pour son curé. A un sermon doctrinal sur le *Sacerdoce,* il a rattaché mille détails rappelant, avec les vertus de M. Imberdis, tout son amour pour sa paroisse et tout l'amour de sa paroisse pour lui.

» Voici l'exorde de son discours :

« Monseigneur,
» Mes Frères,

» C'est un spectacle bien surprenant que celui de
» cette émouvante ovation faite à un pasteur des
» âmes, dans un temps où la foi semble périr, où
» les mœurs chrétiennes tendent à s'effacer de

» plus en plus, où le clergé est assailli tous les
» jours de mille injures.

» Je sais que cette ovation est la récompense de
» cinquante années de services rendus et de vertus
» pratiquées. Mais la gratitude est chose si rare
» en ce monde, l'injustice envers la vertu si com-
» mune, et le corps des pasteurs est frappé en tant
» de lieux dans ses membres les plus honorables
» et les plus saints, d'une impopularité qu'il ne
» mérite pas, que je me sens pressé d'admirer et
» d'applaudir cette noble ville d'Aigueperse, qui
» sait reconnaître, d'une manière si haute, le
» dévouement et les mérites de son éminent curé.

» Ce dévouement sans bornes, ces mérites sans
» nombre, cette longue et constante fidélité à l'es-
» prit et aux engagements de l'ordination sacer-
» dotale, je voudrais les célébrer dignement. Mais
» je suis arrêté par la crainte de blesser la mo-
» destie qui les accompagne et qui les relève à
» tous les yeux.

» Qu'il me soit donc permis d'oublier, autant
» que possible, la personne de celui que le Ciel,
» dans sa bonté, vous donna pour guide et pour
» père, il y a trente-cinq ans, après l'avoir formé
» pour vous, pour vous uniquement, durant
» quinze années pleines et fécondes d'exercice du
» saint ministère à Riom et à Clermont. Sa nomi-

» nation à la cure d'Aigueperse fut pour cette ville
» une des plus grandes faveurs que le Ciel pût lui
» accorder. De son côté, ainsi qu'il vous le disait
» ici, il y a peu de jours, avec une pieuse émotion,
» il peut compter au nombre des plus grandes
» grâces de sa vie, la faveur d'avoir été choisi par
» la divine Providence pour le gouvernement de
» cette paroisse. De sa personne, je puis donc
» m'élever jusqu'à Dieu, jusqu'à Dieu qui fit acte
» d'amour envers les peuples en instituant le corps
» des pasteurs, en faisant du sacerdoce un puis-
» sant moyen de salut, un secours divin, un sacre-
» ment dont les autres dépendent.

» Dans cet ordre de discours, je me sens à l'aise
» et je mets à l'aise celui qui est l'objet de cette
» éclatante fête. Je fais remonter au Très-Haut
» ses mérites. Je loue Dieu et non l'homme.

» D'accord avec vous, Monsieur le Curé, je
» m'écrie au nom de tous : « Au Roi immortel et
» invisible des siècles, à l'auteur du sacerdoce et
» du ministère pastoral, à Dieu seul honneur et
» gloire aujourd'hui, demain et dans tous les
» siècles des siècles ! »

» Le discours s'est terminé par des vœux adressés au ciel pour la prolongation des jours de M. le
Curé d'Aigueperse, de notre vénérable Evêque et
de notre grand pape, Pie IX.

« Je rappellerai, en terminant, a dit l'orateur,
» les transports d'enthousiasme et d'amour que le
» peuple d'Hippone fit un jour éclater devant son
» grand évêque Augustin. *Te patrem, te episco-*
» *pum,* criait le peuple, *vita Augustino !* Sois
» encore notre père, sois encore notre évêque ;
» longue vie à Augustin ! Monsieur le Curé, je
» suis l'organe de votre peuple en ce moment. Je
» fais en son nom des vœux pour la prolonga-
» tion de vos jours, à laquelle il attache tant de
» prix. Il vous doit bien tous ses hommages et
» tous ses vœux.

» Vous avez réalisé toutes les conséquences de
» la consécration sacerdotale que j'ai résumées
» dans la parole de saint Jean Chrysostôme :
» *Sacerdos, alter Christus.*

» Vous avez porté dignement le poids de la
» dignité sacerdotale. La gravité de votre état a
» précédé en vous le nombre des années. Par la
» prudence, par l'intégrité de la vie, vous avez eu
» de bonne heure cette vieillesse vénérable que
» l'Ecriture sainte préfère à celle qu'amène la
» longueur du temps ; à vingt-cinq ans, vous
» auriez pu célébrer votre cinquantaine. A défaut
» de cheveux blancs, vous aviez déjà la couronne
» dont la gravité pare les têtes sacerdotales. Pour
» les pouvoirs ecclésiastiques, vous les avez exercés

» sagement pour le bien des âmes confiées à votre
» sollicitude. Ministre fidèle, dispensateur zélé des
» mystères de Dieu, vous avez montré que l'on
» peut tout avec les forces que communique la
» grâce. Dans le service des autels, dans le minis-
» tère de la parole, dans l'exercice des œuvres de
» charité, vous vous êtes animé des sentiments de
» Jésus-Christ. Ainsi, vous avez participé à sa
» dignité, à ses pouvoirs, à ses forces, à ses qua-
» lités. Il a vécu en vous et vous en lui pour le bien
» de cette paroisse. Voilà vos titres à sa filiale
» tendresse, voilà la raison de cette fête et de ses
» vœux. Voilà pourquoi je me suis fait son inter-
» prète, sans crainte de me tromper, en vous
» disant : Soyez encore son père, soyez encore son
» pasteur, *te patrem, te pastorem !* et en disant à
» Dieu : *vita Joanni-Baptistæ-Augusto !* longue vie
» à Jean-Baptiste-Auguste.

» Un autre vœu, mes frères. Vous avez le
» bonheur de posséder ici votre évêque, chargé
» d'ans et de mérites comme votre curé. Ne vou-
» lez-vous pas demander aussi la prolongation de
» ses jours ? Ah ! je sais bien le sentiment qu'il
» excite partout dans son vaste diocèse. Je sais
» bien les vœux que l'on forme. Je sais bien ce
» qui lui a valu l'attachement de tous. Il a les
» qualités qui font qu'on s'attache aux évêques. La

» prudence et la bonté ne lui font jamais défaut.
» Dans les temps orageux que nous traversons, il
» a toujours suivi des idées de paix, selon un bel
» éloge qui a été fait du clergé français pour sa
» conduite durant nos révolutions. *La douceur a*
» *caractérisé toutes ses actions. Il n'y a jamais eu*
» *d'amertume sur ses lèvres.* Longue vie donc à lui !
» qu'il soit longtemps encore notre père, notre
» évêque. *Te patrem, te épiscopum ! Vita, vita*
» *Ludovico-Carolo !* longue vie, longue vie à Louis-
» Charles !

» Un vœu plus élevé encore, mes frères. Dans
» cette grande solennité, il faut prononcer le nom
» le plus saint, le plus illustre qui soit aujourd'hui
» porté dans le monde, le nom de Pie IX, ce nom
» devenu si grand qu'il est inutile de le faire
» suivre d'adjectifs. Ah ! la prolongation de la vie
» de Pie IX semble nécessaire à notre temps. Le
» sublime modèle que nous contemplons au Va-
» tican est peut-être la seule force qui reste dans
» la société actuelle. Voyez, mes frères, la vie
» sacerdotale, exemplaire à tous ses degrés, en
» haut, en bas, au milieu. Il y a trois degrés où
» tout se relie dans la hiérarchie sacerdotale : le
» ministère pastoral, l'épiscopat, la papauté.
» Dites-moi si l'édification ne se voit pas à tous ces
» degrés, vous qui, comme catholiques, avez pour

» forme et pour modèles, ici votre curé, à Cler-
» mont, votre évêque, à Rome, l'évêque des
» évêques et le pasteur des pasteurs. Un homme
» du monde le disait récemment dans une de nos
» grandes cités, et je suis heureux de répéter ses
» paroles : Pie IX, par sa figure si haute et si
» calme au milieu des épreuves et des maux de
» l'Eglise, est *la consolation des fidèles* et sera la
» gloire de notre temps. Longue vie donc à Sa
» Sainteté ! Que Dieu ait en sa sainte garde notre
» père, notre pape. *Te patrem, te papam ! Vita,*
» *vita, vita Pio nono.* »

» Après la messe, M. le Curé d'Aigueperse a
reçu à sa table, sous la présidence de Monseigneur, ses parents, ses amis, et plusieurs notables
de la ville et du canton. M. Saynes, maire d'Aigueperse, a porté à M. le Curé un toast avec des
paroles d'un grand tact et d'une grande cordialité
qui sont allées au cœur du Pasteur avec d'autant
plus de force que le premier magistrat d'Aigueperse y a introduit très heureusement l'idée du
clocher, que M. Imberdis a tant à cœur comme
complément de sa magnifique église. La santé de
Monseigneur a été proposée par M. le comte Martha-Becker, président du Conseil général. A des
vœux très vifs pour notre évêque, l'éminent con-

vive a mêlé une bien gracieuse phrase pour M. le Curé d'Aigueperse, à l'influence duquel il a rapporté pour une bonne partie le bien qu'il a été heureux de dire de la ville et du canton d'Aigueperse. M. l'abbé Imberdis s'était réservé le toast à Pie IX. Il l'a porté d'un ton d'autant plus ému, qu'à l'occasion de sa cinquantaine sacerdotale, le Souverain-Pontife a daigné le charger de bénir sa paroisse en son nom et lui a accordé le bienfait d'une indulgence plénière.

» La soirée a été surtout marquée par la solennité de la Bénédiction du très Saint-Sacrement, qui a eu lieu à huit heures. En se rendant à l'église pour cette cérémonie, M. le Curé a trouvé tout illuminé sur son passage. L'avenue du Presbytère, ornée de guirlandes, de globes lumineux, était merveilleuse. La rue étincelait de feux qui se multipliaient d'instant en instant. La façade de l'église, les tours, les galeries intérieures, les chapiteaux des colonnes des trois nefs, l'autel resplendissaient de lumières. C'était féerique et c'était saint. C'était la fête du troupeau et du pasteur, la fête de la terre et du ciel, une fête de Dieu et une fête des hommes.

» Le clergé d'Auvergne n'oubliera pas l'ovation faite à un de ses membres les plus éminents par une ville entière. Pour nous, nous sommes heureux de consigner dans nos modestes annales une manifestation qui constate, une fois de plus, la foi et les sentiments généreux de nos populations, une manifestation que nous regrettons d'avoir esquissée d'une manière si pâle. Elle nous apparaît, cependant, au fond de l'âme, avec toute sa grandeur et tout ce qu'elle a eu de propre à remuer le cœur et à consoler la piété. Elle nous laisse avec cette pensée qui résume, croyons-nous, les sentiments de tous les témoins : *Gloria in excelsis Deo et in terra pax hominibus bonæ voluntatis* (1). »

(1) Le clergé du diocèse témoigna largement ses sympathies à M. le Curé d'Aigueperse. Il était représenté par :

MM. Beauregard, vicaire général.

Chardon, vicaire général.

Déjardin, supérieur du Grand-Séminaire.

Rigodon, curé de la Cathédrale.

Latouche, chanoine titulaire.

Eguillon, curé de Santa-Fé.

Boirie, curé de Notre-Dame du Port.

Bartin, curé de Saint-Amable.

Dallet, curé de Notre-Dame du Marthuret.

Cosse, curé d'Ambert.

R. P. Hubert, supérieur de Cellule.

Jacquet, professeur d'Ecriture sainte au Grand-Séminaire.

Fradetal, curé de Pont-du-Château.

Redon, curé de Champeix.

Barrat, curé de Thuret.

Busson, curé de Saint-Cyrgues.

MM. Chade, ex-aumônier de l'hôpital de Riom.
Charron, curé de Sardon.
Cibaud, curé d'Artonne.
Clermont, curé de Saint-Bonnet-ès-Allier.
Daupeyroux, curé de Bussières.
Finaut, prêtre retiré.
Frédeville, curé de Montpensier.
Guittard, curé de Saint-Agoulin.
Hugon, curé d'Aubiat.
Jaffeux, curé de Saint-Genès-du-Retz.
Labourier, curé de Boisséjour.
Levadoux, curé de Vensat.
Midon, curé de Saint-Julien-de-Coppel.
Muraton, curé d'Effiat.
Ossaye, aumônier de l'hôpital d'Effiat.
Rigaud, curé de Limons.
Roche, curé de Lapeyrouse.
Brun, vicaire à la Cathédrale.
Parton, vicaire à Combronde.
Monier, vicaire à Effiat.

CHAPITRE XXV

DERNIÈRE MALADIE, MORT ET FUNÉRAILLES
DE M. IMBERDIS

M. Imberdis était atteint, depuis longtemps, d'une laryngite chronique, dont les eaux thermales n'avaient pu avoir raison.

Ce ne fut pas, toutefois, au dire de son médecin (1), cette affection qui mina insensiblement ses forces et lui causa la mort, mais la délicatesse de sa constitution et son grand âge.

Pendant les dernières années de sa vie, M. le Curé avait été forcé, par le mauvais état de sa santé, de modérer son zèle pastoral.

Rarement il prêchait, plus rarement encore il chantait la grand'messe ; il ne confessait que les

____

(1) M. le docteur Lagout.

membres des communautés religieuses et quelques personnes pieuses, dans la chapelle du couvent de la Miséricorde.

Il célébra sa dernière messe à l'église parois-siale ; c'était un dimanche, le 8 octobre, fête de la Maternité de la Sainte Vierge.

Bientôt, il fut obligé de garder ses apparte-ments. Il se levait néanmoins chaque jour. Pendant les dernières semaines, il ne put même pas rester couché ; les étouffements le contraignirent à passer hors du lit ces longues nuits d'automne.

Il fut atteint d'une fluxion de poitrine ; elle disparut au bout de quelques jours, mais elle l'affaiblit extrêmement.

Tout faisait craindre un dénouement fatal à courte échéance. Lui-même s'en apercevait avec un certain effroi, non par crainte de la mort, mais des jugements de Dieu ; son humilité lui cachait le mérite des bonnes œuvres qu'il avait accomplies pendant sa longue carrière.

Son intelligence restait intacte, sa grande foi se manifestait plus vive, sa bonté pour ses coopérateurs plus affectueuse et plus familière.

Il conserva jusqu'à la fin, malgré sa faiblesse et les douleurs aiguës qu'il ressentait au cœur, sa sérénité d'âme habituelle, ses nobles manières, son exquise politesse pour tout le monde. L'avant-veille de sa mort, il ne voulut pas recevoir, parce que les saluts qu'il se croyait obligé de faire aux visiteurs lui causaient une fatigue excessive.

Ses forces diminuaient chaque jour ; sa voix semblait s'éteindre. Son confesseur fut appelé ; il le prépara à recevoir le Saint-Viatique. C'était le soir. Le son de toutes les cloches annonça la cérémonie à la paroisse. Les fidèles, en proie à une morne inquiétude depuis quelques jours, se rendirent en grand nombre à l'église.

A ce moment, M. le Curé fit appeler le vicaire qui devait lui porter la sainte communion.

« Je ne puis parler, dit-il, il faut que vous parliez pour moi à mes paroissiens... Il faut que vous leur demandiez pardon pour moi du mal que j'ai pu leur faire.

» — Monsieur le Curé, vous ne leur avez fait que du bien. — Hélas ! mon cher ami, ajouta M. Imberdis ; et puis, avec un profond soupir : Il faut aussi leur demander pardon des scandales que j'ai pu leur donner... »

Quelques instants après, le Dieu de l'Eucharistie se trouvait près du malade.

M. le Curé est assis dans le salon. Il attend son Dieu dans l'attitude angélique d'un premier communiant, les mains jointes et la tête légèrement et pieusement inclinée.

Les vicaires et quelques prêtres du canton se groupent autour du Saint-Sacrement. La foule, dans le plus profond silence, envahit les appartements.

« Mes frères, dit le vicaire, M. le Curé veut que je sois, en ce moment, son interprète. Je vous transmets fidèlement sa pensée par obéissance. Votre vénéré Pasteur veut que, en son nom, je vous demande pardon du mal qu'il a pu vous faire et des scandales qu'il a pu vous donner... Mais sa modestie le trahit, depuis un demi-siècle, il vous a édifié et comblé de bien...

» C'est à nous, Monsieur le Curé, c'est à nous, mes frères, à demander pardon au père bien-aimé dont nous avons contristé le cœur en ne profitant pas assez des leçons et des exemples qu'il nous a donnés... »

En quelques mots, le vicaire retrace la vie et les œuvres de M. Imberdis.

Prêtres et fidèles laissent silencieusement tomber des larmes abondantes.

Seul, le vénérable malade, résigné, les regards affectueusement fixés sur le saint Ciboire, garde son calme ordinaire.

A partir du moment où il a reçu le Saint-Viatique, M. le Curé ne s'occupe plus que des intérêts de son âme et de l'ordre de ses affaires. Il fait

souvent appeler le vicaire auquel il confie ses dernières volontés.

Il sait tout prévoir et veut tout régler. La pensée
de généreuse charité, qui fut l'inspiratrice de ses
œuvres, le domine à ses derniers moments.

Les pauvres, ses amis de toute sa vie, recevront
une aumône le jour de ses funérailles. Les Dames
de Charité, les vieillards de l'hospice, la communauté de la Miséricorde, l'église paroissiale sont
l'objet d'une dernière libéralité.

Personne n'est oublié : ses vicaires choisiront,
comme souvenir, dans sa bibliothèque, l'ouvrage
qu'il leur plaira ; les jeunes lévites, encore sur les
marches du sanctuaire, auront un dernier secours ;
ses domestiques, un legs en espèces ; des honoraires de messes seront déposés entre les mains de
ses collaborateurs, afin que le saint sacrifice soit
célébré, pour le repos de son âme, aussitôt après
sa mort.

Il semble prévoir le moment où Dieu va l'appeler. « Vous m'avez cru mort, dit-il le jour où on
lui administra le sacrement de l'Extrême-Onction,
mais Dieu veut me laisser encore quelques jours
de vie pour que je fasse pénitence de mes péchés.

» — Vous n'avez pas de péchés, lui dit-on.

» — J'en ai beaucoup... Ne serait-ce que pour

les œuvres que je n'ai pas faites... Mais j'ai une très grande confiance en la très Sainte Vierge. Elle est le refuge des pécheurs... »

Ses frayeurs redoublent la nuit qui précède son dernier jour. A plusieurs reprises, il prie la Sœur de Bon-Secours qui le veille de réciter, à genoux, trois *Ave Maria* pour demander la protection de la Sainte Vierge et écarter Satan qui le menace.

Il demande, de grand matin, le vicaire qu'il a choisi pour confident, et complète ses recommandations.

Il entre encore dans les moindres détails avec une admirable précision.

Il exprime un dernier désir : « J'ai bien une concession au cimetière, dit-il, mais je voudrais être enterré dans l'église, dans la chapelle de Saint-Joseph... Allons, mon cher, vous prierez bien pour moi, et vous ferez votre possible pour que je sois enterré dans mon église (1). »

Sa pensée se reporte ensuite sur Monseigneur l'Evêque et le Souverain Pontife dont il voudrait, avant de quitter ce monde, recevoir la bénédiction.

Les craintes qui l'agitent se calment peu à peu.

____

(1) La réalisation de ce désir rencontra des obstacles insurmontables.

La fin est imminente. Les vicaires ont recommandé, s'ils ne sont pas auprès de M. le Curé, à ses derniers moments, d'agiter fortement la sonnette du corridor. La sonnette retentit. Les deux premiers vicaires se précipitent dans la chambre de M. le Curé.

Il avait demandé à se coucher et avait fait, presque sans soutien, le trajet du salon à sa chambre. Il venait de s'affaisser, sans rien dire, sur le bord de son lit.

« Monsieur le Curé, lui dit un des vicaires, demandez pardon à Dieu, je vous renouvelle l'absolution. »

M. Imberdis fit un léger signe de tête et rendit le dernier soupir.

Huit heures du matin avaient sonné. C'était un vendredi, le 24 novembre 1882. M. le Curé avait commencé la quatre-vingt-deuxième année de son âge et la cinquante-huitième de son sacerdoce.

On annonce la fatale nouvelle à la fin de la messe de huit heures. Elle est bientôt connue dans toute la ville. La douleur est grande, le deuil général.

Pendant trois jours, la population vient, avec une touchante piété, répandre ses prières et ses larmes près des restes de son Pasteur.

Ses funérailles furent présidées par Monseigneur l'Evêque. Ce fut, comme au jour de ses noces d'or, mais avec un caractère bien différent, un véritable triomphe. La foule était immense. La ville entière, un grand nombre de fidèles des paroisses voisines se pressaient dans l'église et sur le parcours.

Plus de quarante prêtres, accourus des diocèses de Clermont et de Moulins, profondément émus, entouraient le cercueil de celui qu'ils avaient regardé comme leur modèle.

Nous laissons la parole à un journal de la province, la *Gazette d'Auvergne :*

« Lundi dernier, la paroisse d'Aigueperse, plongée depuis trois jours dans le deuil le plus profond, conduisait à sa dernière demeure son saint et vénéré pasteur, M. Jean-François Imberdis.

» Depuis quarante-quatre ans, sa vie dans cette paroisse n'avait été qu'une longue suite de bonnes œuvres. Aussi, à l'heure indiquée, tous ceux qu'il avait bénis, tous ceux dont il avait partagé les joies et les peines, ceux surtout dont il avait soulagé la misère étaient là, les yeux baignés de larmes et le cœur brisé.

» La réputation du vénérable Curé d'Aigueperse s'était répandue bien au delà des limites de sa paroisse, et la plus belle preuve qu'on puisse en donner est l'affluence considérable d'étrangers qui étaient venus se mêler aux habitants de notre ville.

» L'église paroissiale, si gaie d'ordinaire, depuis sa restauration, due à notre regretté pasteur, avait été tendue de deuil. Tout le monde a remarqué, au-dessus de chaque colonne, des écussons aux initiales de M. Imberdis. Une délicate attention avait fait placer, au-dessus de la grande porte, les armes de la ville en deuil.

» Monseigneur lui-même présidait à la messe des funérailles. L'église était comble. C'est à peine s'il avait été possible de réserver quelques places pour les autorités.

» Après la messe, célébrée par M. l'abbé Beauregard, vicaire général, Monseigneur, en chape et en mitre, monte sur les degrés du sanctuaire et rappelle, en quelques paroles émues, tout ce que fut M. Imberdis : un pasteur aimable, vénérable, aimé de Dieu et des hommes, charitable envers les pauvres, plein de sollicitude pour l'âme des enfants, et tourmenté, à la fin de sa vie, par une douleur discrète, à la pensée que leur éducation religieuse pouvait être compromise.

» Monseigneur a donné lui-même l'absoute, puis M. l'abbé Chaix de Lavarène, curé de la Cathédrale, a conduit le corps au cimetière.

» En tête du cortège, marchaient les Frères des Ecoles chrétiennes et leurs élèves, puis Mesdemoiselles les Institutrices et leurs élèves, les Dames de la Miséricorde et leurs élèves, les Dames de Charité, les Enfants de Marie, l'Hospice.

» Les cordons du poêle étaient tenus par MM. Teillard, Lagout, Vacher et Clermont, membres du Conseil de fabrique, MM. les abbés Dallet, Fradetal, Muraton et Clermont.

» Le deuil était conduit par la famille du défunt et MM. les vicaires. Suivaient les membres de la municipalité, du Bureau de bienfaisance, de l'administration de l'hospice, M. le juge de paix, M. le comte Martha-Becker, conseiller général, M. Saynes, conseiller d'arrondissement, MM. les maires du canton, etc.

» Au cimetière, après le départ du clergé, M. Teillard d'Eyry, président du Conseil de fabrique, a prononcé le discours suivant :

« Messieurs,

» La vie dont j'ai à vous retracer aujourd'hui » les principaux traits, n'a été qu'une longue et » constante pratique de toutes les vertus, qu'un » admirable exemple donné à ceux au milieu des- » quels a vécu M. Jean-François Imberdis, le » vénéré pasteur de cette paroisse.

» Né le 12 août 1801, d'une des meilleures et » des plus anciennes familles d'Ambert, son en- » fance et sa jeunesse se sont écoulées à son foyer

» paternel, où il reçut de si chrétiens enseigne-
» ments qu'il ne tarda pas à se sentir porté à la
» vocation pour le sacerdoce, cette sublime mis-
» sion qui place le prêtre entre le ciel et la terre,
» pour arrêter le bras souvent prêt à frapper et
» amener le remords et le repentir au cœur de ceux
» qui se sont écartés de la droite ligne du devoir.
» Il reçut, en 1824, la consécration sacerdotale
» avec des sentiments dignes de la sainte mission
» qui lui était confiée.

» Comment l'a-t-il remplie ? Demandez-le à
» Riom, où le souvenir de son passage, comme
» vicaire du Marthuret, se conserve toujours ; de-
» mandez-le aux Dames Ursulines de Clermont,
» où il a donné de si grands exemples de sa piété,
» de son jugement et de l'aménité de son carac-
» tère.

» Enfin, après ces premières étapes dans la
» vie sacerdotale, M. Imberdis est appelé par
» Monseigneur Féron à la cure d'Aigueperse, au
» printemps de 1839.

» Messieurs, voilà près de quarante-trois ans
» qu'il vivait au milieu de nous, sans que nous
» ayons pu constater une lacune dans cette admi-
» rable vie, toute remplie de charité et de dévoue-
» ment, qu'il a commencée dès le jour de son ins-
» tallation.

» Apôtre de ses chers paroissiens, il chérissait
» les âmes qu'il avait mission d'évangéliser. Qui
» ne se rappelle ces homélies du dimanche, où,
» sous la forme la plus attrayante, il développait
» les divers enseignements de la Religion ?

» Nous le voyons encore, Messieurs, revêtu de
» ses habits sacerdotaux, présidant dans son église
» aux cérémonies du culte avec cet air de sainteté
» et cette haute dignité qui faisaient l'admiration
» de tous ceux qui en étaient témoins.

» Je viens de nommer son église ! La maison
» du Dieu de son cœur, il avait une passion pour
» elle ; il ne rêvait qu'aux moyens de la rendre
» digne de Celui qui l'habitait.

» Dans cette pensée, il sut inspirer à ceux qui
» l'entouraient et qui lui donnèrent un puissant
» concours, le désir de la restaurer ; et c'est sous
» l'impulsion de cette foi ardente que nous avons
» vu s'élever ce magnifique édifice, le plus bel
» ornement de notre cité, où il aurait tant désiré
» dormir son dernier sommeil.

» Les enfants de sa paroisse étaient une de ses
» plus chères préoccupations ; il ne rêvait qu'aux
» moyens de les préparer aux grandes luttes de la
» vie pour qu'ils puissent en sortir vainqueurs et
» arriver, l'âme sereine, aux grandes assises de
» l'éternité. C'est dans ce but qu'il avait si puis-

» samment contribué à la fondation de cette admi-
» rable maison des Frères de la doctrine chré-
» tienne dont l'éloge est dans toutes les bouches, et
» de celle des Sœurs de la Miséricorde, qui a rendu
» et rend encore de si grands services à la ville.

» Toutes ces œuvres n'ont pas absorbé la vie
» tout entière de M. Imberdis. Il avait pour les
» pauvres un amour qu'il poussait jusqu'aux der-
» nières limites. Pas une maison malheureuse
» qu'il n'ait souvent visitée, y laissant un secours,
» une bonne parole, et y faisant revivre l'espé-
» rance, souvent prête à s'éteindre.

» Il donnait, donnait sans cesse, sans jamais
» compter et toujours avec le respect que méritent
» les pauvres, les plus chers enfants de Dieu. Il
» avait appelé, pour venir soulager leurs misères,
» ces bonnes Sœurs du Bon-Secours que nous
» voyons chaque jour à l'œuvre et qui nous mon-
» trent si bien, en fait de dévouement, ce que
» peuvent faire des cœurs animés des purs rayons
» de la foi chrétienne. Les saintes Sœurs de la
» Charité qui, à l'hospice, soignent si bien les
» pauvres déshérités de la ville, ont pu admirer
» son inépuisable charité.

» Certes, avec ses éminentes qualités, M. Im-
» berdis aurait pu s'élever plus haut dans la hié-
» rarchie sacerdotale.

» Des postes importants lui ont été offerts à
» plusieurs reprises, mais il n'a jamais voulu se
» séparer de ses chers paroissiens d'Aigueperse.
» Leur donner sans cesse et toujours ce qu'il avait
» au cœur d'amour chrétièn, de foi et d'ardeur, a
» été le but unique de sa vie. Quelle peine, quelle
» incommensurable douleur, quelle profonde tris-
» tesse n'a-t-il pas soulagées !

» Aussi, je crois être l'interprète de tous en lui
» disant aujourd'hui, au nom du Conseil de fa-
» brique, au nom de ses zélés coopérateurs qui
» l'ont si bien secondé, au nom de sa chère pa-
» roisse tout entière, qu'à son ardent amour ré-
» pond celui de tous ses paroissiens ; et que c'est
» de cœurs profondément reconnaissants que nous
» disons adieu à ce bon pasteur, qui reposera
» toujours au milieu de nous.

» Qu'il reçoive au Ciel, sa nouvelle patrie, les
» remerciements et l'expression de l'affection et des
» profonds regrets de sa paroisse tout entière.
» Qu'il la bénisse encore une fois et qu'il prie pour
» ceux qu'il laisse dans les larmes, afin que pas
» un de ses enfants ne manque à son appel le jour
» de la résurrection. »

» Après ces éloquentes paroles, entrecoupées
plusieurs fois par des sanglots, les pauvres se sont

rendus au presbytère où, selon la volonté expri-
mée par le vénérable pasteur, une abondante aumône leur a été distribuée. Charitable durant sa
vie, il a voulu l'être encore après sa mort. »

Ces honneurs extraordinaires, rendus à M. Imberdis, ne semblaient point à la population un
suffisant témoignage de reconnaissance, envers
le saint prêtre qui avait dépensé sa fortune et sa
vie pour lui faire du bien.

Aussi, quelques jours après les funérailles, le
Conseil municipal se réunit extraordinairement,
et son président, se faisant l'interprète des sentiments unanimes de la ville, s'exprima en ces
termes (1) :

« Messieurs, après les éloquentes paroles pro-
noncées par Monseigneur l'Evêque de Clermont et
M. Teillard, président du Conseil de fabrique, aux
obsèques de notre vénérable curé, il nous reste à
remplir le devoir de rendre un hommage public à
celui qui, pendant quarante-trois ans, a rempli
sa mission sacerdotale avec un zèle et une charité
dont le souvenir doit rester gravé dans nos cœurs.

» Je viens donc solliciter du Conseil de vouloir

____

(1) M. le docteur Lagout, maire.

bien mettre à la charge de la ville les frais d'inhumation de notre vénérable Pasteur (1). »

Le Conseil, à l'unanimité, décida que les funérailles seraient à la charge de la ville d'Aigueperse.

Cette délibération ne fut pas approuvée par l'administration préfectorale. Alors les conseillers municipaux, par un élan de filiale générosité bien digne d'eux et du prêtre qu'ils voulaient honorer, se cotisèrent et couvrirent les dépenses de leurs propres deniers.

Un autre témoignage de gratitude dira aux générations futures le souvenir du Pasteur bienfaisant, et la reconnaissance de la paroisse qui sut le comprendre et l'aimer :

Un médaillon en marbre blanc (2), qui rend parfaitement les traits du vénéré défunt, avec sa physionomie pleine à la fois de finesse et de bonté, fut placé dans l'église paroissiale.

Au-dessous, se trouvent gravés, en lettres d'or, ces mots qui seront aussi la conclusion de ce travail :

(1) Délibération du 30 novembre 1882.
(2) Dû au ciseau de M. Mombur, élève de l'Ecole des Beaux-Arts.

A LA MÉMOIRE
DE JEAN-FRANÇOIS IMBERDIS, CHANOINE HONORAIRE,
NÉ A AMBERT, LE 12 AOUT 1801,
NOMMÉ CURÉ D'AIGUEPERSE,
AU COMMENCEMENT DE L'ANNÉE 1839.
MORT LE 24 NOVEMBRE 1882, DANS SA 82º ANNÉE
APRÈS AVOIR ADMINISTRÉ CETTE PAROISSE
PENDANT QUARANTE-TROIS ANS.
IL FUT LE RESTAURATEUR DE CETTE ÉGLISE,
LE PÈRE DES PAUVRES, LE MODÈLE DES PASTEURS
ET L'AMI DE TOUS.
LA RECONNAISSANCE LUI A ÉRIGÉ
CE MODESTE MONUMENT.

APPENDICE

—

§ I

Acte de baptême de M. Imberdis.

Extrait du 2ᵉ registre tenu par J.-F.-A. Imarigeon, curé de la ville et paroisse d'Ambert, des mariages et baptêmes faits dans sa chapelle, dans l'intérieur de sa maison, à cause de la révolution des temps et de la persécution des catholiques.

Jean-François Imberdis, fils légitime à Pierre-Alexis-Joseph et à Jeanne Brugeron, docteur en médecine, en cette ville, est né et par moi baptizé le 12 août 1801.

Parrain : Pierre-Jean-François Journet, son oncle.

Marraine : Françoise Celeyron-Imberdis, sa tante.

Signé : Imarigeon, curé.

§ II

Cérémonial pour l'entrée de Charles IX à Aigueperse le 3 avril 1566.

Du 6 mars 1566, délibération pour les présents à offrir au Roi Charles IX et au Chancelier de l'Hôpital.

Il est délibéré que l'on fera présent au Roi de quatre poinçons de vin, deux à Monseigneur le Chancelier et un à M. Combaud.

Du 7 mars, qu'on réparera les portes de la ville et les pavés.

Du 25 mars, qu'on dressera un portail avec les armoiries de Sa Majesté; on dressera le dais auquel on mettra aussi les armoiries du Roi. On donnera un tonneau de vin à Monseigneur le Dauphin et un autre à Monseigneur le Chancelier, avec deux douzaines de masse-pain, pour le remercier des bienfaits et bonne volonté qu'il a accordés à cette ville.

CÉRÉMONIAL

Faire nettoyer toutes les rues.

Les Consuls ordonneront aux habitants de se préparer à recevoir en leurs maisons les étrangers le plus honnêtement que faire se pourra et aussi de tapisser de tapisseries honnêtes ou de linge bien blanc, le devant de leurs maisons, des deux côtés de la grand-rue, que ceux qui sont aisés seront tenus de tapisser le devant des maisons de leurs voisins qui n'auront le moyen de le faire pour l'honneur de leur prince et de leur ville.

On remplira le vide des pavés avec des graves ou de la terre sèche.

On fera ôter les fumiers.

Jean Mathieu, consul, demeure chargé de faire fournir le foin et l'avoine et cherchera six poinçons de bon vin pour faire présents à Leurs Majestés.

Pour l'entrée, les Consuls seront revêtus de leurs meilleures robes noires, avec chacun un chaperon de satin; les six valets de ville, chacun une robe de la couleur et livrée de la ville et d'un bonnet rouge.

On blanchira les quatre grandes clefs de la ville que

l'on attachera avec un cordon de soie de la couleur du Roi qui est blanc, bleu et incarnat.

Il est enjoint à chacun des habitants qui sont conseillers et à tous autres qui ont commodité de se mettre à cheval, qu'ils soient habillés honnêtement.

Les Consuls prendront le dais au-dessus des portes de la Chossade et l'apporteront au-dessus du Roi. Les armoiries du Roi seront placées sur les au-dessus des portes de la ville, à main droite celles de la Reine et à main gauche, celles de Monsieur, Frère du Roi, et celles de Monseigneur le Chancelier au-dessous du milieu des trois et celles de la ville aux pieds de celles de Monseigneur.

Les petits enfants de la ville auront une banderolle de taffetas blanc et bleu et crieront à l'entrée du Roi : Vive le Roi.

La justice a charge de se préparer tout de même et aussi Messieurs des Eglises.

Signé : Coyffier.

§ III

Mémoire fourni par les Religieuses du monastère de Sainte-Claire d'Aigueperse en 1749, en exécution de la loi qui exigeait les titres de fondation des monastères de ce temps.

Jesus-Maria-Joseph (1749)

ETAT

De l'établissement du monastère de l'étroite Observance de l'Ave-Maria de Sainte-Claire d'Aigueperse, en Auvergne, capitale du duché de Montpensier, diocèse de Clermont.

Ce monastère est sous la première règle de Sainte-Claire et sous les Constitutions de sainte Colette, approuvées par l'Eglise et reconnues dans le royaume dès le commencement du XVe siècle.

Cet Institut est connu par le monastère de l'*Ave-Maria* de Paris. Celui-ci prit les premiers commencements en l'année 1422 et 1423, par les soins et sous l'heureuse conduite de sainte Colette, par les pieuses libéralités et sous la puissante protection de Monseigneur Jean I, fils de Louis II, duc de Bourbon et d'Auvergne, comte de Clermont, Montpensier et Forest, seigneur de Beaujolais et païs de Combrailles, grand chancelier de France, marié avec Madame Marie, duchesse de Berry. Tout ce que dessus parait par de bons titres et bien conditionnés qui prouvent que les deux puissances temporelle et spirituelle ont dûment concouru à l'établissement de ce monastère.

Sainte Colette, réformatrice de l'Ordre de Sainte-Claire, fut conduite dans cette ville par Monseigneur Jean, illustrissime et sérénissime duc de Bourbon, notre fondateur, le 4 novembre 1422 (1), dans le dessein d'y faire construire un monastère.

---

(1) Ce qui est dit, dans ce mémoire, de Jean de Bourbon conduisant sainte Colette à Aigueperse, posant la première pierre du monastère de Sainte-Claire et venant surveiller les travaux, n'est pas exact.

Le duc Jean de Bourbon fut fait prisonnier à la bataille d'Azincourt et emmené en Angleterre le 25 octobre 1415 où il mourut après dix-neuf ans de détention (1434).

Ce fut Marie de Berry, son épouse, qui fonda le monastère de l'*Ave-Maria* d'Aigueperse et conduisit sainte Colette de Moulins.

Si le duc de Bourbon intervint, ce ne fut que par procu-

Cette sainte en obtint la permission du Souverain Pontife Martin V, la troisième année de son pontificat, l'an de grâce 1421, à la prière d'auguste Jean de Bourbon et de Marie de Berry, son épouse. La Bulle commence par ces paroles :

Martinus episcopus servus Servorum, Dilecto filio officiali Claromontensi, die prima augusti, anno Domini millesimo quadringentesimo vigesimo uno...

M. l'Official de Mgr l'Evêque de Clermont, désigné par la Bulle du Souverain Pontife, mit sainte Colette et ses filles en possession du lieu destiné pour la construction du monastère et bénit la pierre fondamentale, le 4 novembre 1423, laquelle fut posée solennellement avec beaucoup de révérence par ledit seigneur illustrissime et sérénissime duc de Bourbon.

Il prenait même la peine de venir lui-même tous les jours de son château de Montpensier pour y voir travailler les ouvriers.

Mais étant contraint de s'en retourner en cour au sacre de Charles VII, il y eut une opposition de la part de quelques habitants, laquelle fut levée par une sentence donnée à Rome l'an 1424, laquelle commence par ces termes : *Universis præsentes litteras inspecturis...* A la faveur de cette sentence, Madame la duchesse de Bourbon fit poursuivre la construction de ce monastère avec tant de zèle et de diligence que l'église fut promptement parachevée et sacrée le 26 juin de

reur. En 1421, il avait pris, avec Marie de Berry, possession par procureur de la ville d'Aigueperse et du château. (Voir Culhat, *Chronologie.* Daniel, Laurentie, etc., *Histoire de France*, bataille d'Azincourt).

l'an 1425. L'Evêque consécrateur fut Odo, évêque de Thonat, dans l'Arabie.

Feue Madame Marie-Louise d'Orléans, fille aînée d'auguste Gaston de France, a fait refaire à neuf, depuis ce temps, le lambris de la dite église où sont posées ses armes en différents endroits.

La chapelle de Saint-Antoine ajoutée à l'église a été fondée depuis ce temps-là par Charles de Bourbon, connétable de France, le 30 avril 1505. Cette chapelle est la première du côté de l'épître, laquelle est enrichie en plusieurs endroits des armes de l'illustrissime maison royale de Bourbon et d'Orléans (1).

Louis II du nom, duc de Montpensier, surnommé le Bon, fit bâtir une autre chapelle du côté de l'Evangile comme il paraît non seulement par ses armes qui sont placées à la naissance des piliers et en haut de la voûte, en douze différents endroits, mais encore il paraît par ses lettres, l'une datée de Paris du 25 novembre 1571, l'autre datée de même de Paris, l'an 1573.

Il paraît aussi par la lecture des mêmes lettres que ce pieux prince a beaucoup contribué à faire bâtir l'hospice des religieux qui servent d'aumôniers et directeurs aux dites Dames. Cette église contient bien des monuments, des cendres de l'auguste maison de Bourbon.

Le corps de Dame Gabrielle de Boulogne et de La-

(1) Après sa félonie, ses armoiries furent brisées sur la grande et sur la petite porte d'entrée de la Sainte-Chapelle d'Aigueperse, et son nom, placé sur une des vitres, à côté de celui de Suzanne, son épouse, fut enlevé. — Pierre Culhat, *Chronologie*.

tour, dame de Montpensier, y fut inhumé au mois de mars 1494. Il s'y voit une chapelle bâtie par l'ordre et les bienfaits des seigneurs de l'illustre maison de Marillac, de l'année 1506, dans laquelle reposent les cendres de cette famille. Une autre chapelle fondée par la maison Vainy d'Arbouze (1), dans laquelle reposent les cendres de cette illustre famille. Plusieurs autres familles nobles ont tenu à y être inhumées.

Cette maison a toujours joui depuis son institution d'une spéciale protection de nos augustes Rois très chrétiens, comme il paraît par les lettres royales de Charles VIII commençant par ces mots : Charles, par la grâce de Dieu, roi de France, à notre très chère et bien-aimée tante, Catherine de Bourbon, abbesse du monastère de l'*Ave-Maria* d'Aigueperse... à Paris le 28ᵉ jour de mai 1492.

Nos augustes Rois très chrétiens non seulement favorisent notre maison par lettres patentes pour confirmer et renouveler les privilèges accordés par leurs illustres prédécesseurs mais encore par leurs libéralités et leurs pieuses aumônes.

Louis XV, notre roi très chrétien, veut bien conserver, maintenir et faire jouir les pauvres religieuses de ce monastère des aumônes et privilèges accordés par ses augustes prédécesseurs.

Les illustrissimes et sérénissimes princes et princesses de sang royal, à l'exemple de nos augustes Rois très chrétiens, ont successivement honoré, favorisé ce monastère d'une protection particulière comme il conste par plusieurs lettres adressées à différentes abbesses.

(1) D'autres écrivent Veyny.

Lettre de Louise de Bourbon, fille de Gilbert, comte de Montpensier, sœur de Charles III, connétable de France, à Madame de Nadde de Montmorin pour lors abbesse, 28 avril 1506.

Lettre de sérénissime Louis de Bourbon, 1er duc de Montpensier, à Madame Durfé, du 28 avril 1573.

Autre lettre de ce prince au R. P. Eustache de Sterla, docteur de Paris, confesseur de ce monastère, du 21 mai 1573.

Autre lettre de cet auguste prince à Madame de Chazeron, abbesse, du 10 décembre 1588.

Lettre de Son Altesse sérénissime Monseigneur Philippe d'Orléans, duc de Montpensier, Régent de France, à Madame de Cappony, abbesse, de l'année 1715.

L'an 1733, notre auguste et pieux prince, Monseigneur le duc d'Orléans, voulant pourvoir à la sûreté et conservation de ce monastère que ces augustes prédécesseurs avaient toujours protégé, souhaitant de son vivant leur donner des témoignages authentiques de sa bonté et charité paternelles, ordonna qu'il fût formé un plan ou devis pour la construction d'un monastère nouveau et voulut que cette entreprise fût exécutée promptement, aux frais de ses pieuses générosités ; ce qui a eu son plein et entier effet ; il fut bénit et ouvert aux religieuses, en 1738.

Ce nouveau monastère est et sera toujours pour elles un éternel monument de vive et parfaite reconnaissance à la bonté charitable et paternelle dont Son Altesse sérénissime les a bien voulu favoriser et pour laquelle cette communauté présente et à venir ne cessera d'adresser au ciel jour et nuit de justes vœux et prières pour Son Altesse royale, pour l'illustrissime et sérénissime duc de Chartres et pour toute l'auguste maison royale d'Orléans à jamais.

Pour ne laisser aucun doute sur la fondation des princes de Bourbon, dans ce monastère, on y voit, au grand portail en grand relief, les différents écus de la maison royale de Bourbon et d'Orléans, dans l'église, chapelles et dans tous les différents endroits de ce monastère qui renferme cinquante religieuses, Dames ou Sœurs, un confesseur et directeur dudit monastère, accompagné ordinairement de deux religieux prêtres du même Ordre, pour y célébrer les divins mystères et acquitter les fondations des princes.

Nous capitulairement assemblées, au son de la cloche, à la manière accoutumée, avec notre vénérable Discrétaire, après avoir entendu la lecture du dit acte, avons reconnu que le tout cidessus était conforme aux originaux.

En foi de quoi nous avons signé le 20 décembre de l'année 1749.

> Sʳ Anne-Marie GIRAUD, *abbesse.*
> Sʳ Marguerite DE CHAMPIGNY, *discrète et vic...*
> Sʳ Suzanne de S. JULIEN DE LA QUÉRIE, *discrète.*
> Sʳ Julienne-Marie DE GENESTOUX, *discrète.*
> Sʳ Antoinette DE ROBERT, *discrète.*
> Sʳ Marie CHASSAING, *discrète, secrét. du Discrét.*
> Sʳ Marie MAGNIN, *discrète.*

§ IV

Noms des Sœurs de Sainte - Claire en 1790.

Déclaration : Demandent à continuer la vie commune :

NOMS DES RELIGIEUSES DE CHŒUR	NAISSANCE	PROFESSION
Marie-Louise-Claire Lafoi, supʳᵉ	5 juin 1735	14 juin 1756
Anne-Marie-Colette Bouraud	14 févr. 1717	14 juillet 1736

NOMS DES RELIGIEUSES DE CHŒUR	NAISSANCE	PROFESSION
Marie-Thérèze Rougane, dépositaire	24 juillet 1723	25 juillet 1741
Marie de Miremont	25 mars 1726	6 juin 1748
Marie-Madeleine Maulhat	24 avril 1725	17 sept. 1750
Marie-Antoinette de Courteix	13 mars 1736	24 juin 1756
Marie-Colette Meghon	25 juin 1736	21 sept. 1757
Marguerite-Mélanie Croizier	22 mars 1743	24 sept. 1765
Marguerite La Providence Cellier	20 oct. 1743	24 sept. 1766
Marie-Antoinette Lemaçon	4 avril 1747	20 mai 1767
Marie-Françoise des Anges	2 août 1747	27 juin 1768
Catherine de la Visitation	8 août 1740	16 juillet 1769
Marie-Jacqueline Godemel	3 juin 1755	29 juillet 1776
Marie-Antoinette Dulac	13 juin 1755	29 juillet 1776
Joséphine Brisard	20 mai 1757	24 sept. 1776
Marie-Madeleine Fayolle	18 août 1749	15 mai 1776
Charlotte-Marie-Anne Marret	26 avril 1754	17 juin 1777
Marie-Colette Amadieu	9 févr. 1757	17 juin 1777
Marie-Anne-Claire Nony	23 nov. 1766	7 avril 1788
Marie-Elizabeth Chaumont	29 sept. 1759	7 avril 1788

Déclaration : Demandent à mener la vie particulière :

NOMS DES RELIGIEUSES CONVERSES	NAISSANCE	PROFESSION
Alexis Bruneau	22 janv. 1705	5 août 1719
Marie-Claudine Baron	17 févr. 1719	18 déc. 1740
Marie Garnaud	31 juillet 1720	27 mai 1745
Marie-Angéline Petoton	24 mars 1720	5 août 1740
Marguerite Genevrier	3 juillet 1723	5 janv. 1745
Françoise-Suzane Dequaire	21 oct. 1724	21 janv. 1747
Catherine Dervieux	27 mars 1725	29 mars 1749
Marie-Anne Fond	28 mars 1740	7 janv. 1761
Claudine-Agathe Jamin	18 avril 1741	2 juillet 1761
Jacqueline-Félicité Perrier	19 mai 1743	2 juillet 1762
Benoite-Colette Ancros	15 avril 1736	9 févr. 1764
Françoise Daudin	15 oct. 1745	2 déc. 1767
Marie-Claire Prat	8 févr. 1742	8 déc. 1771
Marie-Céline Picot	14 juin 1750	8 déc. 1773
Françoise-Elizabeth Baron	7 août 1752	16 mai 1777
Marguerite-Rose Bourassier	16 sept. 1759	6 mai 1779
Anne-Véronique Bourzeix	29 janv. 1758	2 juin 1779

NOMS DES RELIGIEUSES CONVERSES	NAISSANCE	PROFESSION
Anne-Rosalie Grimaud	29 août 1757	4 janv. 1781
Marie-Mélanie Barthelot	19 juin 1759	25 févr. 1783
Anne-Victoire Petoton	21 déc. 1765	19 juillet 1789

§ V

Confrérie de la Miséricorde du Sacré-Cœur de Jésus érigée en la ville d'Aigueperse sous l'autorité de Monseigneur l'Evêque de Clermont.

Requête pour l'homologation des Statuts.

A Monseigneur l'Evêque de Clermont (1).

Supplient humblement Jean-Baptiste Gaston, prêtre, curé de la ville et paroisse d'Aigueperse, bachelier en théologie, et les Dames et Demoiselles composant la Confrérie du Sacré-Cœur de Jésus érigée en la ville d'Aigueperse, soussignés, disant qu'il y a environ un siècle et demi que plusieurs Dames et Demoiselles de piété et de vertu désirant exercer les œuvres spirituelles et corporelles de miséricorde envers les pauvres honteux, les malades et autres nécessiteux de la dite Ville et en particulier les pauvres prisonniers et les pauvres de l'hôpital, s'associèrent ensemble ainsi qu'il se pratique dans les autres villes du Royaume, pour former une Confrérie de miséricorde ou de charité, sous le titre et protection de sainte Radegonde, et en conséquence, elles firent dresser les Statuts qu'elles désiraient observer lesquels furent approuvés et homologués par Monseigneur Joachim d'Estaing, alors évêque de Clermont, en vertu d'ordonnance du 25 janvier 1632; mais la plupart de ces Statuts, soit à raison de l'éta-

(1) Monseigneur de Bonal en 1783.

blissement des Sœurs de la Charité chrétienne à l'hôpital, soit à raison des usages qui se sont introduits,
étant tombés en dessuétude, les Dames et Demoiselles
qui composent aujourd'hui cette même Confrérie qui a
subsisté, sans interruption jusques au temps présent,
ont été conseillées de vous présenter, Monseigneur, de
nouveaux Statuts et règlements, comme étant plus
conformes aux circonstances actuelles et aux usages
qui se sont introduits, sans déroger néanmoins aux
anciens Statuts quant au fond, et de supplier Votre
Grandeur de les approuver et homologuer, et de leur
accorder les indulgences épiscopales de quarante
jours.

Ce considéré, Monseigneur, plaise à Votre Grandeur
approuver et homologuer les nouveaux Statuts et règlements qu'elles ont l'honneur de vous présenter pour
leur servir de règle de conduite et de leur accorder l'indulgence épiscopale les jours qu'elles se confesseront et
communieront.

En leur accordant cette grâce, vous participerez aux
bonnes œuvres de cette Association, et les suppliant et
suppliantes continueront de demander à Dieu, dans
leur prière, la conservation de Votre Grandeur.

Au bas et à la marge des présentes ont signé :

Gaston, curé ; Debenoid ; Rollat, supérieure ; Monta-
nier ; Devaure ; veuve Degeorge, assistante ; Rabby ;
Rouganne de Bellebat, assistante ; Rabusson, tréso-
rière ; Mancel ; Soalhat ; veuve Dulin ; Culhat-Dulin ;
Degeorge-Voyret ; Magnin-Jamot ; Culhat-Laroche et
Meghon-Culhat.

§ VI

Homologation des Statuts.

François de Bonal, par la grâce de Dieu et du Saint-Siège apostolique, évêque de Clermont, comte de Brioude, conseiller du Roi en tous ses conseils, etc.

Vu la présente requête, ensemble les Statuts joints, avons loué et louons les vues charitables et religieuses soit du sieur Curé, soit des Dames et Demoiselles associées à la Confrérie de la Miséricorde du Sacré-Cœur de Jésus, laquelle nous approuvons par les présentes ; avons homologué et homologuons lesdits Statuts, sous la réserve néanmoins qu'il nous sera libre à Nous et à nos successeurs, même hors le cours de nos visites, ainsi qu'à nos Vicaires généraux ou aux leurs, de commettre pour la reddition des comptes telle personne que Nous jugerons ou qu'ils jugeront à propos, lorsque les circonstances l'exigeront, et ajoutons au contenu de l'article onze, en ce qui concerne les quêtes à faire, vis-à-vis des personnes riches ou puissantes, qui passeront dans la ville d'Aigueperse, qu'il sera soigneusement observé qu'il y ait toujours deux Dames pour ces sortes de quêtes, et ce à raison de la bienséance et pour éviter les inconvénients qui pourraient en résulter, à l'avenir de cette fonction de charité, si elle était remplie par une seule.

Accordons les Indulgences épiscopales aux dites Dames, les jours de la fête du Sacré-Cœur et de sainte Radegonde, lorsqu'elles se confesseront et communieront aux dits jours.

Donné en notre chateau de Beauregard, sous notre

seing et le sceau de nos armes et le contre-seing de notre secrétaire le sept mai mil sept cent quatre vingt trois.

Signé : FRANÇOIS, *Evêque de Clermont.*
Et plus bas : Par Monseigneur : GAULTIER.

§ VII

Vicaires de M. Imberdis.

MM.

Rousset		1839
Fafournoux		1839
Midon	de 1839	à 1850
Dallet	1840	1844
Marret	1844	1845
Labonne	1845	1857
Labourier, J.-B.	1850	1857
Mabru	1857	1860
Redon	1857	1867
De Lacoste de Laval	1861	1866
Chassaing	1861	1863
Pabot	1864	1866
Bonnefont, François	1866	1877
Rigaud, Bonnet	1866	1872
Brun, Jean-Joseph	1866	1874
Pécoil	1872	1875
Coursiéres	1875	1881
Emy	1875	1883
Ducros, Jacques	1877	1882
Planat, Antoine-Marie	1881	1884
Raphanel	1882	1884

TABLE DES MATIÈRES

FIN DE LA TABLE

Clermont-Ferrand, imp. BELLET. — 2808.

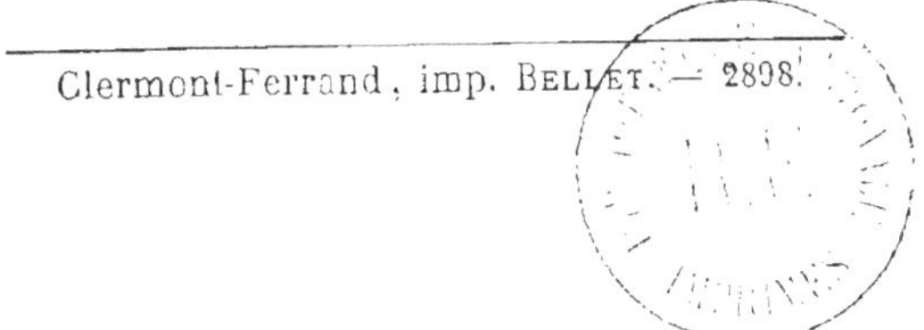